전지적 창조론 시점에서 바라본
마지막 남은 완벽한 진화론

SEASON 1

전지적 창조론 시점에서 바라본 마지막 남은 완벽한 진화론
SEASON 1

**초판 1쇄 발행** 2025년 11월 28일

**지은이** Rorea Kim
**펴낸이** 장길수
**펴낸곳** 지식과감성#
**출판등록** 제2012-000081호

**교정** 정은솔
**디자인** 김희영
**편집** 김희영
**검수** 주경민, 정윤솔
**마케팅** 김윤길

**주소** 서울시 금천구 벚꽃로298 대륭포스트타워6차 1212호
**전화** 070-4651-3730~4
**팩스** 070-4325-7006
**이메일** ksbookup@naver.com
**홈페이지** www.knsbookup.com

ISBN 979-11-392-2915-8(03330)
값 16,700원

- 이 책의 판권은 지은이에게 있습니다.
- 이 책 내용의 전부 또는 일부를 재사용하려면 반드시 지은이의 서면 동의를 받아야 합니다.
- 잘못된 책은 구입하신 곳에서 바꾸어 드립니다.

지식과감성#
홈페이지 바로가기

SEASON 1

# 전지적 창조론 시점에서 바라본 마지막 남은 완벽한 진화론

Rorea Kim 지음

# 차례

머리글 6

(1) 진화론에서 크게 간과하고 있었던 맹점 10
(2) 사망이 유업이 아닌 생명이 기업인 창조론 15
(3) 창조론(창세기)은 역사책인가? 예언책인가? 19
(4) 현 인류가 나아가야 할 완벽한 진화론의 방향 28
(5) 창조론과 진화론의 한 중심에 있었던 "아담" 35
(6) 사람이 다 사람이 아니라, 진화가 다 진화가 아니라… 41
(7) 아담이 쥐고 있었던 완벽한 진화론의 방향 48
(8) 완벽한 진화론의 포문을 열어준 천지 창조 55
(9) 아담과 노아, 모세로 투영해 보는 완벽한 진화론 65
(10) 사람의 손이 아닌 하나님의 손으로라야 가능 73

| | | |
|---|---|---|
| (11) | 완성된 사랑과 완벽한 진화론의 상관관계 | 79 |
| (12) | 율법의 완성을 이루어야 완벽한 진화론 | 88 |
| (13) | 아브라함의 믿음을 통해 드러난 완벽한 진화론 | 97 |
| (14) | 하나님을 아는 지식이 진화론에 미치는 영향 | 102 |
| (15) | 완벽한 진화의 길을 제시하는 아브라함의 행보 | 110 |
| (16) | 틀림이 없는 완벽한 진화론의 공식 | 115 |
| (17) | 십계명이 완벽한 진화론에 미치는 영향 | 121 |
| (18) | 완벽한 진화론을 향한 가나안의 노정 | 127 |
| (19) | 완벽한 진화로 가는 길을 막고 있는 거대한 나무 | 135 |
| (20) | 완벽한 진화로 가는 길의 변수는 홍수 | 142 |
| (21) | 완벽한 진화론을 불리하게 만들었던 불 | 151 |
| (22) | 완벽한 진화(進化)의 외통수는 막막한 광야 | 160 |
| (23) | 보물섬 지도로 찾아가는 완벽한 진화론 | 166 |

## 머리글

저는 과학자나 의학박사도 아니요 생태학자나 신학박사도 아니며 다만 반백 년을 넘게 살아오면서 여느 사람들과 동일한 시대적인, 환경적인 영향을 받음과 동시에 동일한 문화권과 문명의 혜택도 받고 또 그 속에서 여느 사람들과 마찬가지로 수많은 일(사연,문제)들을 겪어 오면서 본 것이 있고 들은 것이 있고 아는 것이 있어서 이를 통해 얻은 기본 지식이나 상식과 세상 이치(섭리)를 바탕으로 터득한 삶의 지혜와 노련함과 통찰력을 갖고서 긍정적, 낙천적, 능동적, 주도적으로 유연하게 살아가려고 노력하는 지극히 평범한 사람이며 또한 기왕이면 감사하면서 행복하게 웃으며 기쁘고 즐겁게 살아가려고 하는 바다의 모래알과 같은 보통 사람에 불과하며 그런데 소극적이고 내성적인데 겁까지 많은 겁쟁이라서 항상 "만에 하나의 최악의 시나리오"를 계산해 보면서 조심 또 조심하는 스타일이기 때문에 때로는 그렇게 하면 손해인 줄 뻔히 알면서도 스스로 제약하거나 멈추어 세워 버리기도 하고 멀리 도망쳐 버릴 때도 많으며 그러나 또 소중한 무언가를 추진해야 하고 행동개시를 해서 움직여야 할 필요성을 느낀 때에는 치밀한 계획을 세우고서 시간과 공(정성)을 들여 진취적이고 적극적으로 추진할 때도 있으니 그중에서도 지금 이 순간이 딱 그렇게 해야 할 때이고 누군가는 또 반드시 해야 할 일이므로 용기를 내어 결단력을 갖고서 용감하게 이 글들을 써 내려가 보려고 한다.

바람이 있다면 이 지구상에 있는 모든 사람이, 또 지구 끝 어딘가에 있을 어떤 사람들이 아무쪼록 이 글들을 언젠가는, 언제가 되었건 꼭 접하게 되고 읽게 되기를 바라며 그래서 희미한, 희뿌연 안개 속 같은 삶 속에서 마침내 뚫고 나오는 담력을 얻을 수 있었으면, 어두컴컴한 터널 안 같은 생활 속에서 비로소 헤어 나오는 기쁨과 감동과 환희를 각자가 나름 느끼셨으면 하는 바람과 마음을 미리 품어본다.

그리고 가장 중요한 것은 사실 알고 보면 "창조론(창세기)"과 "종의 기원, 진화론"의 관계는 떼려야 뗄 수 없는 실과 바늘 같고 또 딱 떨어지는 수학 공식이나 다름없으며 완벽한 기-승-전-결의 시나리오이기 때문에 그 무엇보다 항상 궤를 같이해야 하는 단짝임에도 불구하고 "창조론"에 대한 갖가지 의구심들이 해결되지 못하고 궁금증들이 풀어지지 않다 보니 마치 앙꼬 없는 찐빵처럼, 속 빈 강정처럼 찜찜한 가운데에 있는 이런저런 이유로 현재의 "종의 기원, 진화론"은 완전하지 못한 일부분에 불과하며 완성되지 못한 초보(첫걸음)에 머물러 있다고 감히 말씀드리고 싶으니 그런즉 완전한 모습을 갖춘 "종의 기원, 진화론"이 되기 위해서는 어쩔 수 없이 "창조론(창세기)"에서 풀어내야 할 문제와 해답, 그리고 과제가 분명히 있다는 의미이기도 하므로 철저하게 "창조론"에 의지하여 이 글을 써 내려갈 수밖에 없으며 또한 부득이하게 "창조론(창세기)"에 포커스를 맞출 수밖에 없다 보니 설명을 돕고 이해를 구하기 위해서 성경 구절들을 아주 많이 인용할 수밖에 없었다는 것을 이해해 주시기 바란다.

"창조론(창세기)을 비롯한 성경책(66권)"을 한마디로 정의해 보자면 "우리 인간의 마음과 생각이 어떠한지를 정확하게 비추어주는 거울"이라 표현하고 싶으니 거울을 보는 가장 큰 이유는 더럽고 추하고 부끄러운 부분을 발견하여 깨끗하게 씻으며 정결하게 닦고자 하는 것인데 지금까지는 그 거울(고린도전서 13장12절)이 희미하여 얼굴(말)과 몸(행동)을 제대로 볼 수도 없었고 확인할 수도 없어서 묻어있는 것이 무엇인지, 어디를 닦아야 하는지, 제대로 씻어지기는 했는지 확인하기가 어려웠으나 이제는 쌍둥이를 보는 것처럼 감춰진 것이 없이, 숨겨진 것이 없이 바라보게 하여 그 나아갈 길과 궁극적으로 도착할 곳을 뚜렷하게 찾아가게 하고자 하심이 창조주 하나님께서 "창조론(창세기)을 비롯한 성경책(66권)"을 선물처럼 우리 인간에게 주신 이유와 목적이라는 것을 항상 기억하셨으면 한다.

모든 물건은 반드시 만들어 놓은 그 주인이 있기 마련이고 휘황찬란하게 멋진 건물들도 지어 쌓아 올린 건축자가 꼭 있듯이 우리 인간을 비롯한 세상에 존재하는 모든 피조물 역시 만들어 주신 주인 즉 창조주는 반드시 있음은 지극히 당연하여서 무엇보다 우리 자신을 낳아주신 우리 부모의 부모의 부모의 또 그 부모를 찾아서 거슬러 올라가다 보면 그 기원(시작)과 뿌리가 되시는 부모님은 결국 "창조주이신 아버지 하나님(이사야서 1장2~3절)"이심을 이 글을 통해 명확하게 인지하게 되실 것이며 더불어서 "모든 길은 로마로 통한다."라는 말도 있듯이 "완벽한 진화론"에 도달하기 위해서는 반드시 "창조론(창세기)"을 거쳐야 하기 때문에 이해하기 어려운 부분이 있더라도 끝까지 인내심을 갖고서 이 글들을 읽어주시기를 부탁드리며 마지막으로 이 책에 쓰고 있는 모든 글(이론)들은 제 임의대로, 마음대로 써 내려간 사람의 말(생각,뜻,계획)이 아니라 지극히 "창조론(창세기)"에 근거와 증거를 두고서 살펴본 창조주 하나님의 말씀이라는 점을 잊지 마셨으면 한다.

## (1) 진화론에서 크게 간과하고 있었던 맹점

　우리 인간(호모사피엔스)은 일찌감치 언어와 도구를 사용할 줄 아는 문화, 물과 불을 활용할 줄 아는 문명을 통해서 빛나고 눈부신 발전을 해왔고 지금도 현재진행형에 있으며 이제는 첨단 과학, 공학, 의학과 더불어 혁신적인 기술의 발전이 절정에 달해있고 모든 정보와 데이터가 사람의 손(스마트폰,SNS,유튜브 등등) 안에 있는 21세기에 살아가고 있으며 이제는 더 무엇이 남아있을까? 하는 생각이 들 정도로 우리 인간의 무지하게 똑똑한 두뇌와 무엇이든 응용, 적용, 활용할 줄 아는 노련함과 오랜 시간과 세월을 걸쳐서 축적된 수많은 종류의 통계치들이 정말 놀랄 만한 4차 산업의 시대를 열어주었고 또 주체할 수 없을 정도의 뜨거운 열의와 열성과 열정으로 말미암은 인공지능(AI) 로봇을 비롯하여 우주탐사를 위한 로켓이 하늘을 날아다니고 있는 이 시대에 이 모든 것 역시 소위 모든 생명체 즉 피조물들의 최상위 최고의 포식자라 할 수 있는 우리 인간이 "유전자-문화 공동의 진화(進化)"의 개념 차원에서 변이를 통한 적자생존, 자연선택으로 얻어진 부정할 수 없는 끊임없는 진화의 한 과정이요 모습이요 결과치임을 의심의 여지가 없는 공감과 찬사를 보낸다.
　그러나 이 시점에서 우리 인간이 근본적이고 본질적으로 크게 간과하고 있었던 맹점 하나가 있으니 "개똥밭에 굴러도 이승이 낫다.(전도서 9장

4~5절)"라는 옛말도 있는 것처럼 이 세상에 태어나서 죽기를 바라거나 죽음을 기다리면서 살아가는 사람이 누가 있을까? 또는 어떤 부모가 자식(자녀)을 이 세상에 태어나도록 만들어 놓고서 낭떠러지(질병,사고,재해) 앞으로 내몰리기를 바라며 뒈져버리기를 원할까? 하다못해 기척이 없는 무생물의 물건들이나 건물들도 그 만들고 쌓아 올린 주인은 애정과 애착을 갖고 애지중지 가꾸기 마련인데 하물며 우리 인간을 비롯한 모든 생명체, 피조물들 역시 그 만들어 주신 주인인 창조주 하나님께서는 더욱더 그러하지 않겠는가? 그리고 의학, 과학, 공학을 비롯한 고도의 기술 발달로 인간의 수명이 예전에 비하면 많이 연장되었고 또 자동화 시스템에 의한 삶의 질 측면에서도 아주 많이 윤택해졌다고는 하지만 사실 100세 인생도 짧다면 짧은데 어떨 땐 이마저도 다 못 채우고 이래서 느닷없이 질병(염증,암,바이러스,세균 등등)으로 갑자기 죽으며 저래서 뜻밖이 사고(교통사고,전쟁사고,살인사고,붕괴사고,압사사고,추락사고,침몰사고,익사사고 등등)로 개죽음을 당하며 그러해서 날벼락 같은 재해(홍수,지진,가뭄,기근,폭염 등등)로 요절하게 되니 차(車) 떼고 포(包) 떼고 나면 우리 인간의 세계적인 평균 수명은 겨우 40~50세밖에 안 되는 생명의 숫자에 칠 가치(이사야서 2장22절)조차 없는 하루살이 목숨과 무엇이 다르다고 말할 수 있을까?

  그래서 영원무궁한 생명 그 자체이신 하나님(창세기 21장33절)의 지속적이고 무한한 생명선상에 놓고 보면 100세 인생도 파리, 모기 목숨 못지않은 "한 점(点)"에 불과하므로 본의 아니게 이런 위험하고 위협적인 재앙과 저주를 가까이에 두고서 원치 않는 멸망과 패망과 사망을 향해 달려가고 있는 원인은 과연 무엇이며 또한 이제는 멸종의 그림자까지 서서히 드리우게 된 이유는 과연 무엇일까? 하는 심도 있는 고민을 이제는 해 봐야 할 때이며 그렇기에 우리 인간 스스로가 자초한 것이나 다름없는 이러한 재난과 재앙까지 변이를 통한 적자생존, 자연선택의 한 일부분이라고 정당화하면서 넘기기에는 우리 인간의 대대손손 내려온 유전인자에 박혀 있는 어떤 윤리와 이치와 진리의 관점에 비추어 볼 때 절대로 받아들일 수 없고 인정할 수 없는 논리이며 또한 하지 않아도 될 퇴화이고 겪지 않아도 될 퇴보이며 있어서는 안 될 도태이므로 "진화론의 온전하고 올바른 방향성"을 제시하고자 한다는 것을 이해하셨으면 한다.

결론적으로 우리 인간을 비롯한 이 세상에 태어난 모든 생명체 곧 피조물들은 자신의 생명을 아끼고 사랑하지 않는 이는 없기 때문에 지켜서 관리, 보호, 유지하고 싶은 것은 아주 원초적이고 기본적이며 지당하고 타당한 생명의 권리이며 그러한 차원에서 진화(進化)의 최종적이고 궁극적인 종착지가 되어야만 할 곳은 오직 "생명의 보존성, 지속성, 항상성"에 있으니 그러나 첨단 과학, 공학, 의학의 놀라운 성과들을 비롯한 문화적, 문명적으로 눈부신 급발전들에 비하면 지금까지 이룩한 "진화론"은 반쪽짜리 곧 일부분이라 표현할 수밖에 없으므로 이제는 "온전하고 완전한 진화론"을 향한 제대로 된 돌파구를 찾아야 하고 올바른 실마리를 모색해야 할 때가 되었으며 그 중심에서 의문 덩어리로 남아있는 "창조론(창세기)"을 풀어헤쳐야 하며 그런 연후에야 비로소 "진화론"은 톱니바퀴가 아주 잘 맞는 시계처럼 제대로 돌아갈 수 있게 됨을 기억하셨으면 한다.

거듭 말씀을 드리지만 진화(進化)의 궁극적인 최종 목적은 할 수만 있다면 끝까지 살아남아 있는 것 즉 생존의 항상성, 생존의 영원성이 그 취지라고 해야 맞으며 그런 차원에서 이미 멸종한 다른 고대 인류들(오스트랄로피테쿠스,호모하빌리스,호모에렉투스 등등)은 어쩌면 되짚어 보고 뒤돌아보아서 조심할 것은 조심하고 경계해야 할 것은 경계하며 얻을 것이 있다면 교훈으로 삼아야 할 정보치들을 제공해 주는 좋은 참고서와 같아서 현 인류(호모사피엔스)가 출현한 이래로 30만 년이라는 세월이 흐르는 동안 물리적으로 발전해 온 과학, 의학, 공학 그리고 문화, 문명, 기술의 진화(進化) 뒤에 가려져 있었던 "생명의 지속성, 생존의 항상성"에 관한 완벽한 진화론의 본질을 벗어난 감이 없잖아 있으니 우리 인간은 제아무리 난다 긴다 하는 첨단 의학이 발달했을지라도 여전히 질병(노쇠,염증,암,바이러스,세균 등등) 앞에 맥을 못 추어 100세 인생에서 한 치도 나아가지 못하고 있으며 또한 제아무리 첨단 과학이 발달했을지라도 기대 수명은 80세가 넘었을지언정 지금도 치명적인 사고들(전쟁,교통,살인,압사,붕괴,추락,침몰,익사 등등)을 통하여 갑자기 개죽음을 당하고 있으며 특히나 재해(홍수,지진,가뭄,기근,폭염 등등) 앞에서는 속수무책으로 요절을 당할 수밖에 없는 무기력한 존재에 불과하니 더욱이 이러한 재앙들을 가속화하는 인간의 끝이 없는, 끝을 모르는 탐심(식욕,성욕,물욕,재물욕,권력욕,성취욕,소유욕,집착욕,애착욕 등등)과 욕심(내 뜻대로 내 마음대로 좌지우지 수족 부리듯이 칼자루를 휘두르고 싶은 마음)이 한몫하고 있어서 거침이 없는 공급, 수요와 그칠 줄 모르는 소비, 낭비, 허비를 인한 기후 변화(온난화)와 미세 플라스틱의 침투로 서서히 드리우는 대멸종의 그림자가 우리 눈앞에 있음을 짐작하거나 감지하고서도 이제는 멈춰 세울 수 없는 폭주 기관차와 같이 거대한 재앙을 향해 달려가고만 있음을 체감하고 있다면 그저 멸종하여 사라지고 없어진 수많은 거대 생물들(공룡,익룡,매머드)과 고대 인류들의 흑역사 이야기로만 끝나는 남의 얘기가 아니라 현인류(호모사피엔스)의 두렵고 무서운 우리 인간의 흑역사 이야기가 될 수 있다는 것을 왜 외면하고 있는 것일까? 거기에 보태서 이렇게 못난 우리 인간들을 인하여 말 못 하는 피조물들의 멸종까지도 빠르게 부추기며 앞당기고 있는 바로 이 시점에서 "마지막 남은 진화(進化)의 온전하고 완전한 모습은 과연 어떤 것인가?" 하는 현실적이고 실질적인 질문에 대한 해답을 정말로 구해야 할 때이며 여기에 호응할 수 있는 것은 오직 "창조론(창세기)"밖에 없으므로 그 해답을 분명하게 찾기 전에는 "반쪽짜리 진화론"이라 표현하는 것이며 더군다나 이 지구상에는 사람뿐만 아니라 더불어서 함께 살아가고 있는 말 못 하는 모든 피조물도 있어서 이들을 정복하여 다스리며(창세기 1장28절) 제대로 관리해 주어야 할 우리 사람의 손에 맡겨진 피조물들이라는 관점에서 "만물의 영장(靈長)으로서의 우리 인간"이 돌이킬 수 없는 직무유기(職務遺棄)를 하고 있으니 그 주인이신 창조주 하나님께서 뭘 보고서, 뭘 믿고서 맡겨 줄 수 있을까? 그러니 우리 인간은 게으르고 나쁜 청지기(누가복음 12장42~48절)로 드러나고 나타나게 된다는 것을 잊지 마셨으면 한다.

## (2) 사망이 유업이 아닌 생명이 기업인 창조론

왜 갑자기 무슨 성경책 얘기를 꺼내는가? 하고 의아해하실 수 있겠지만 "진화론"의 께름칙하고 찝찝했던 부분들을 완전히 해소해 줄 수 있는 것은 오직 "창조론(창세기)"밖에 없고 또 "진화론"을 완전하게 완성할 수 있도록 이끌어 줄 가장 과학적인 방법 역시 바로 "창조론(창세기)"밖에 없으므로 "창조론(창세기)과 진화론과 창조론"은 떼려야 뗄 수 없는 실과 바늘이라 표현하는 것이며 그래서 지금은 서로에게 반 토막이 나서 갈라져 있지만 기필코 붙어야 비로소 완벽해지는 "하트"처럼 이제 와 알고 보니 하나님 손바닥 안에 즉 창조론 안에 있을 때 "진화론은 가장 이상적이고 완벽한 이론"이 될 수 있으며 또한 변이를 통한 적자생존과 자연선택에 이르는 모든 방법이나 수단이 고스란히 "창조론(창세기)"에 담겨있으니 다만 우리 인간을 비롯한 말 못 하는 모든 생명체, 피조물들이 끝까지 지속적인 생존을 이어가지 못하고 결국엔 "허무한 데 곧 사망(로마서 8장20절)"에 굴복하고 있었고 또 쇠하여 죽고 부패하는 썩어짐에 종노릇(로마서 8장21절)하게 된 "진화론의 맹점"을 풀어서 이제는 온전한 적자생존, 완성된 자연 생명선택에 이르는 방법과 수단을 말하고자 했던 것 역시 "창조론(창세기)"이었기 때문에 그 부분을 알려주고자 하여 이 글들을 쓰게 된 이유와 목적이라는 것을 이해해 주셨으면 한다.

거듭 말씀드리지만 이치적으로나 상식적으로도 하다못해 이 세상에 존재하는 생명 없는 어떤 물건들도 만든 주인이 분명히 있고 공들여 쌓아 올린 건물들도 기획하고 설계한 건물주(건축주)가 반드시 있기 마련인데 우리 인간을 비롯한 모든 만물, 피조물들을 정성 들여 지으신 창조주, 조물주가 있을 것은 너무도 당연한 사실이며 그런즉 말 못 하는 모든 피조물은 물론이거니와 우리 자신을 만들어서 낳아주신 우리 부모님의, 부모님의, 부모님의, 또 그 부모님의 부모님은 누구일까? 할 때 종의 기원, 그 뿌리는 결국 "부모님(아버지) 하나님"이 될 수밖에 없으니 그렇기에 우리 인간을 비롯한 그 지으신 모든 만물(이치,원리)의 타고난 천성이나 본성 역시 어디에서 왔겠으며 말 못 하는 피조물들의 그 성품이나 기질 또한 다 어디에서 왔겠는가? 그 타고난 천성과 기질이 본능적으로 꾸준히 달려가고 있었던 방향은 노쇠하여 죽고 썩는 사망이 아니라 노쇠하지 않고 죽지 않으며 썩지 않는(고린도전서 15장52~53절) 말세에 나타내기로 예비하신 "항상 있는 신령한 생명에 관한 구원의 기업(베드로전서 1장4~5절)"이었지만 이 흐르는 강물(섭리,진리)을 거슬러 역행하여 멸망하고 패망하고 사망하는 오류, 그러한 오류가 불러왔던 질병(염증,암,바이러스,세균 등등)과 사고(전쟁,교통,붕괴,압사,추락,침몰,익사 등등)와 재해(홍수,지진,가뭄,기근,폭염 등등)와 같은 부작용을 스스로 자취한 것은 우리 인간이므로 무엇보다 맨 먼저 들여다봐야 할 것은 "하나님은 과연 누구인가?" 하는 근원적인 질문에 대한 답을 찾아야 하며 또한 이를 통하여 우리 인간을 비롯한 모든 만물, 피조물들이 결국 가게 될 그 한 길, 그 한 곳 즉 "부모님(아버지)이신 하나님께서 지으시고 만드신 목적과 취지는 무엇인가?" 하는 것도 살펴봐야 하며 가장 중요한 것은 "창조론(창세기)

은 전지적 창조주 시점에서 기록된 책"이라고 한다면 "진화론은 전지적 인간(피조물) 시점에서 기록한 책"이므로 서로에게 보완, 완충 역할을 해야 할 필요충분조건(必要充分條件)으로서의 그 상관관계를 꼭 알아야, 깨달아야 하며 그 상관관계를 뒷받침해 줄 이미 이런저런 이유로 멸종해서 없어진 고대 인류들과 거대 생물들에 대한 자료(정보치)도 있기 때문에 머리(이성적,명석,명철,냉철 등등) 좋고 감수성(너그러움,따뜻함,긍휼함 등등) 풍부하여 말도 잘하고 표현력도 좋으며 거기에 더하여 하나님의 성품(베드로후서 1장4~7절)을 압축앱처럼 품고 있는 우리 인간(호모사피엔스)이 차근차근 풀어가야 할 문제임을 염두에 두셨으면 한다.

  그래서 역설적으로 지금 우리 인간이 살아가고 있는 이 세상은 잠시 왔다가 언젠가는 어느 누구랄 것 없이 다 떠나게(죽게) 되는, 잠시 머물렀다가 가는 그런 타지(他地), 나그네 타향살이라고 한다면 꼭 돌아가서 항상 머물러(살아) 있어야 할 본향(고향)이 따로 있다는 의미이기도 하므로 이제 더는 망설일 이유도 없고 머뭇거릴 시간이 없음은 말 못 하는 생명체, 피조물들의 목숨은 창조주 하나님께서 우리 인간에게 정복하여 관리하고 다스리도록(창세기 1장28절) 맡겨주셨고 또 그러한 우리 인간의 생명 줄(욥기서 4장17~21절)은 이 세상에 존재하도록 만들어 주시고 낳아주신 "창조주 하나님(창세기 2장4절)"께 있은즉 몰랐으면 모를까(사도행전 17장30~31절) 이제 알았고 깨달았다면 전무후무하게 다시는 없을 "그 한 날과 일(마가복음 13장19~20절)"이 누군가에게는 유쾌하고 새로운(사도행전 3장19절) 좋은 날(베드로전서 3장8~11절)이 되기도 하고 또 누군가에게는 그날이 도적(베드로후서 3장9~12절)같이 임하는 나쁜 날이 되기도 하리니 도적이 오는 목적은 도적질하고 죽이고 멸망시키려는 "사망의 과녁(고린도전서 15장

55~56절)"이라는 것을 기억하셨으면 한다.

　중요한 것은 "그 한 날(이사야서 2장11~12절)"은 이 지구상에 살아가고 있는 모든 사람들(누가복음 21장34~36절)을 비롯한 말 못 하는 피조물들에까지 공정하고 공평하게 주어지는 "마지막 절호의 기회"임과 동시에 누군가에게는 그냥 마지막이 될 수도 있음을 찰떡같이 이해하고 헤아려 받아들이셔야 함은 언제까지 이렇게 "창조론과 진화론"에 대한 이런저런 의구심만을 품고서 종교계와 여러 학계(과학,의학,생물,철학,지질학 등등)가 애매한 충돌과 대립, 모호한 언쟁, 논쟁만 반복하고 있어야만 하는가? 하는 것이기 때문에 단언컨대 "창조론(창세기)이 빠진 진화론"은 더는 "진화론"이라 말할 수 없고 "진화론의 최종 목적지는 결국 창조론(창세기)"이어야 하며 그러니 창조론(창세기)이 진화론에 전달하고자 하는 핵심 메시지와 요점은 무엇인가? 하는 것을 제대로 알아야 "나는 누구?", "여기는 어디?", "나는 왜 태어났는가?" 하는 질문이 사라지며 헤매는 일이 없게 된다는 것을 잊지 마셨으면 한다.

### (3) 창조론(창세기)은 역사책인가? 예언책인가?

　단도직입적으로 말하자면 성경책을 역사책이라고 말하는 순간 성경책은 신의 글이 아닌 사람의 생각(이념,신념)과 뜻(성향,가치관,철학)을 이야기하여 기록한 사람의 글이 되고 또 "로마 신화, 그리스 신화, 단군 신화 등등"과 같은 사람의 입에서 입으로 전해 내려온 전설과도 같은 글이 되리니 다시 말해서 성경책(66권)이 기원전 4000년경 즉 6,000년 전부터 기록된 글(말씀)이라는 관점에서 무시 못 할 시간과 세월 동안 현 인류의 우여곡절, 파란만장한 서사(敍事)들을 하나님께서 비록 여러 사람(선지자,사사,예언자,사도)을 통하여 기록하게는 하셨지만 철저하게 앞으로 다가올 어떤 미래 곧 내세(히브리서 6장4~6절)를 보여 주시기 위하여 지난 과거의 역사를 거울(고린도전서 10장6절)처럼 비추어 조심할 것은 조심하고 경계(고린도전서 10장11절)할 것은 경계하게 할 목적을 담은 생명의 교훈(로마서 15장4절)으로 미리 말씀하신 약속의 책이며 더 정확하게 표현하자면 우리 인간은 그 어떤 예측도 상상도 할 수 없지만 "내세(來世)에 있을 유쾌(사도행전 3장19절)하게 되는 좋은 날(베드로전서 3장10절)의 어떤 일들을 하나님께서 미리 알려주신 예언의 책 곧 신의 글"이기 때문에 아직 이루지 아니한 종말(계시록)에 있을 일들을 옛적부터, 처음(창세기)부터 여러 선지자, 예언자, 사도들을 통하여 보이시며 또 기록하게 하신 것(이사야서

46장10절)이 바로 "창조론(창세기)을 비롯한 성경책(66권)"임을 이해하셨으면 한다.

　그래서 성경책을 기록하게 하였던 사람은 때가 되면 노쇠하여 죽어 흙으로 돌아감을 인하여 어쩔 수 없이 많은 사람들(모세,이사야,에스겔,마태,요한,바울 등등)이 필요할 수밖에 없었지만 어디까지나 100% 하나님의 뜻(취지,목적)과 생각(사상,이치,성품)이 기록되어 있는 신(神)의 글이며 또한 6,000년이라는 시간은 우리 인간에게는 너무도 길고도 긴 세월이지만 무한한 생명 그 자체이신 창조주 하나님의 기준에서는 아주 짧은 며칠 곧 6일(베드로후서 3장7~9절)밖에 안 되므로 "6일 천하의 성경책"이 어찌 여기 말씀 내용이 다르고 저기 말씀 내용이 다를 수 있을까? 창조주 하나님의 뜻과 계획과 생각과 요구를 6,000년 동안 한결같이 동일하게 알려주고 있었던 것을 우리 인간의 이런저런 관념(성향,가치관,신념 등등)의 시각으로 여기 다르고 저기 다르게 하여서 전하며 가르치고 있었을 뿐이며 그러나 하나님의 동일한 뜻의 말씀들을 각기 다른 만물(로마서 1장20절)의 모양과 그 모양에 담긴 이치나 원리에 빗대어 표현하셨기 때문에 표면적으로만 달라 보이게끔 기록해 놓으신 것이니 그러하신 하나님의 뜻을 헤아리지 못하고 기록해 주신 말씀들의 내용을 동전 뒤집듯 뒤집어 가면서 이 부분에서는 이런 의미로 알려주고 또 저 부분에서는 다른 뜻으로 전해 주면서 가르치는 지도자 사람(목사,전도사,선교사,교황,신부님,수녀님,선생 등등)이 아직도 있다면 이는 분명 하나님께로 받은 것도 아니요 본 것도 없으며 그저 문자 그대로 드러나 보이는 말씀 구절에 사람의 생각(신념,성향,가치관,철학 등등)을 보태고 얹어서 알리고 전하고 가르치는 것이니 더욱이 어찌 되었거나 지도자 사람들에 비하면 전함을 받고 가르침을 받아 배우는 처지에 있는 성도들은 뭘 알겠는가? 알려주고 전해 주고 가르쳐주는 대로 "아멘! 믿습니다. 주여!!" 하면서 맹신하고 맹종하는 수밖에 없으므로 그것이 지도자 사람이라고 할지라도 이 세상에 한 가닥 욕심이 없는 사람이 없어서 그러한 맹신, 맹종하는 허점을 악용할 여지가 다분히 있으니 이러한 허점을 악용하여 자신들의 배(재력,위력,이권,패권,성공 등등)만 불리려는 수단으로 이용(오용,남용)할 줄 아는 것 역시 우리 인간이므로 어느 누구랄 것 없이 점(죄악) 많고 흠(실수,잘못) 많으며 또 무언가를 판단하고 결정함에 항상 오류와 부작용이 있는 부족함과 연약(히브리서 5장2~3절)함을 인하여 제 앞가림도 확실하게 잘하지 못하는 불완전하고 미완성된 존재이기는 마찬가지이기 때문에 이웃(직장,학교,모임,단체 등등)이나 친구(가족,친척,동료)는 말할 것도 없거니와 품에 있는 가장 가까운 사람(미가서 7장2~5절)이라 할지라도 입의 말을 지켜야 함을 기억하셨으면 한다.

 정리해 보자면 사람이 살아가는 것은 언제 어디서나 다 똑같아서 세월만 흘렀을 뿐, 공간(장소)만 바뀌었을 뿐 현 인류가 출현한 30만 년 전이나, 성경책을 기록하게 하신 6,000년 전이나, 21세기가 된 오늘날이나 또 거기가 되었건 여기가 되었건, 하나님을 믿는다고 하는 사람들이나 하나님을 잘 몰라 안 믿고 못 믿는 세상 사람들이나 별반 다르지 않으니 예를 들어 먹이(유익,이익,성공,성취,욕심) 앞에서 서로 치고받으며 물고 헐뜯고 짓밟아 버리는 피(보복,복수)를 부르는 전쟁이 없었던 적이 있었던가? 지진, 홍수, 가뭄, 기근, 전염병과 같은 재해가 없었던 적이 있었던가? 살인, 붕괴, 침몰, 익사와 같은 치명적인 사고들이 없었던 적이 있었던가? 이렇게 멸망하고 패망하며 사망하는 재앙 앞에 계속 노출이 되면 21세기 시대는 워낙 인구(80억 명)가 많아서 이러한 질병과 사고와 재해가 거의 대량살상 무기수준이 되고 있음이 말해주는 것은 결국 멸종당한 고대 인류들이 그러했듯 마찬가지로 무기력하게 흔적도 없이 사라질 수밖에 없게 되며 그러한 속에서도 남아있는 것은 45억 년 동안 있어지는 모든 것을 목격하면서 항상 그 자리를 지키고 있었던 지구(세상,땅)밖에 없게 되리니 그런 시각으로 바라보면 이 지구는 분명 멸망하지 않고 패망하지 않고 사망하지 않는 방법과 멸종을 피할 묘수를 갖고 있을 것이며 그런즉 45억 년보다 더 무한한 생명 그 자체이신 창조주 하나님께서는 이러한 재앙과 저주를 피할 수 있는 길과 대안을 그 어떤 누구보다도, 무엇보다도 잘 알고 계시리라.

그런즉 우리 인간의 지금 이대로라면 암울하고 절망스러운 미래만 있을 게 불 보듯 뻔하므로 어떤 식으로든 바뀌고 변화되어야 할 몫은 우리 인간에 있으니 다만 한 세대(시대)가 가고 또 다른 한 세대(시대)가 오면서 지나간 세대(시대)의 디테일하고 세밀한 일들이나 문제들을 우리 인간은 뒤돌아서면 잊어버리고서 기억하지 못할 뿐(전도서 1장4~11절)이지 이 세상에 일어나고 생겨나는 일들은 이미 우리 앞의 이전 시대에 있었던 일들이고 또 지나간 세대(시대)에서도 다 겪었던 일들인데 21세기에 태어나 이 시대 앞에 당면해 있는 많은 일들(질병,사건,사고,재해 등등)을 처음 겪다 보니 새 일처럼 느껴지고 또 내 코가 석 자여서 돌아볼 여유조차 없었던 것뿐이며 또한 바쁘게 돌아가는 세상을 쫓아가기에도 빠듯하고 제 앞가림하기도 벅찬 상황이라 눈 돌릴 틈이 없었을 뿐이지 새로울 것도, 새삼스러울 것도 없기에 그런 차원에서 창조론(창세기)에서는 "아담"이라는 사람을, "이스라엘 민족(나라)"이라는 사람들을 특정하여 사람 살아가는 모든 사건, 사고, 문제 즉 인간사, 세상만사를 제삼자 입장에서 거울처럼 들여다보게 하여 조심하게 하고 경계하게 하며 생명의 교훈이 되게 하려고 기록해 주셨다는 것을 염두에 두셨으면 한다.

그러므로 거울(성경책)에 비추어 보면 우리 인간의 벌거벗은 부끄럽고 (계시록 16장15절) 추잡스럽고 망령된(히브리서 12장15~16절) 낯 뜨거운 말과 행실들의 본색, 잘못이나 실수, 죄 범함과 악독하게 행한 불완전하고 미완성된 투성이만 있는 과거를 일깨우고 돌이켜서 고쳐 행하게 하는 회개와 반성과 개혁(히브리서 9장9~10절)을 통하여 현재는 말할 것도 없거니와 미래(내세)에 있을 온전하고 완전하게 완성되어 완벽한 어떤 날들과 일들에 초점을 맞추고 있고 그렇게 방점을 찍으려 하는 것이 하나님께서 창조론(창세기)을 기록하신 핵심 본질이며 그 중심에 보충하고 보완해야 할 "진화론"이 있음을 인하여 무엇을 준비하고 어떤 것을 대비해야 하며 또 어떻게 대처하고 대응할 것인가? 하는 것들 역시 미리 말씀하여 기록하신 것도 성경책이므로 아주 광범위하고 넓게 보아서 사실 하나님의 무한한, 영원무궁한 시간(생명) 앞에 6,000년이라는 세월 역시 그저 직선 위에 있는 하나의 점(點)과 같기에 창조론(창세기)을 6,000년이라는 시간의 틀 안에 가둬둘 수 없고 또 "에덴동산"이라는 아주 작은 공간(장소)에만 묶어둘 수만 없으니 이쯤에서 "창조론(창세기)"의 그 배열 순서(차례)를 다시 재정립해 보자면 요한계시록(성경책의 가장 마지막 책) 다음에 즉 성경책 맨 끝에 이 "창조론(창세기)"을 두는 것이 맞으며 그 정당성이나 타당성에 대하여는 이제 하나하나 살펴보고 들여다보고자 하는 것이며 "창조론(창세기)"이 새롭게 정립이 되어야만 "진화론"도 비로소 완전하고 완벽한 이론이 될 수 있다는 것을 이해하셨으면 한다.

이 시점에서 분명히 알아야 하고 똑바로 짚어야 할 것은 말 못 하고 표현할 수 없는 모든 생명체, 피조물들이 되었건, 똑 부러지게 말도 잘하며 머리(꾀)도 정말 잘 굴러가서 표현력도 풍부한 우리 인간이 되었건 비록 그 생김새(형체,모양)나 지능·지혜·재능은 다 제각각 다르지만 마치 "얼룩송아지. 엄마 소도 얼룩소. 엄마 닮았네!!" 하는 동요처럼 그 마음속에 깃들어 있는 선한 이치(섭리)나 원리(원칙)나 현상(방법)을 심어주시고 또 심긴 대로 그렇게 살아가도록 길을 열어주신 것도 "창조주 하나님"이시며 또한 이 세상에 잘 적응하게 하는 변이를 통하여 적자생존을 하며 자연선택이 되도록 하는 그런 기질(성질,심성,본성)이나 형질(성향,신념,특성)을 부여해 주신 것도 "조물주 하나님"이시기 때문에 우리 인간을 비롯한 이 세상 피조물들은 다 하나님께로 지음을 받은 다 자식(자녀)이고 새끼 같은 존재이며 그리고 그 지음을 받은 우리 피조물 입장에서는 조물주께로 받은 그 타고난 생명의 지속성과 보존성을 향한 기질과 형질을 본능(본성)적으로 대대손손 유전처럼 물려주고 있었고 또 그렇게 살아가는 과정에서 필요 없는 것들은 자연 도태(퇴화)할 수 있는 능력까지 갖추게 하신 것 역시 "부모님이신 아버지 하나님"이시므로 가히 이 모든 만물, 피조물들의 종의 기원 즉 그 조상(뿌리)(로마서 11장16~18절)을 찾아서 거슬러 그 끝까지 올라가 보면 결국 그 부모의 부모의 부모의 부모의 또 그 부모는 어디서 생겨 나왔겠는가? 그 근원은 태곳적 그 어떤 동물도, 그 무슨 식물도 아니요 그 어떤 생물(박테리아,미생물)도 아닌 "창조주이신 하나님"이시고 또 그러하신 하나님의 성품(성정,성질,성격 등등)을 닮았다는 사실이며 그리고 창조주 하나님께서 우리 인간에게만 부여하신 능력이 있었으니 보이지 않는 추상적인 것들을 적절하게 잘 유추하여 어림짐작, 정상참작을 할 줄 아는 뛰어난 두뇌와 마음 즉 사람의 눈을 통해 보는 것만이 전부가 아니며 보이는 것만이 다가 아니기에 "종의 기원"을 결정짓게 만드는 것은 단지 겉으로 드러나 보이는 외모, 외형(신체적 조건,몸매)에 있다고 판단하거나 결정짓는 것은 너무도 1차원적이고 평면적인 발상이므로 이러한 것들로는 항상 한계에 부딪힐 수밖에 없는 말로 다 설명하기 어려운 복잡다단한 것이 또 세상만사, 인간사여서 이제는 이를 뛰어넘어 인간을 비롯한 모든 생명체 곧 피조물들 이면(裏面)에 깃들어 있는 심리적인 정서와 감정, 이성적인 개념과 이념과 신념은 육체(몸,신체)를 지배하니 쉽게 말해서 "모든 일, 모든 것은 마음먹기에 달려 있다.(일체유심조)"라는 옛말도 있지만 4차원적이고 입체적이며 유동적인 것으로라야 한계를 뛰어넘어 자유롭게 그 너머에 있는 좋은 것들(데살로니가전서 5장21~22절), 좋은 곳(디모데전서 6장18~19절), 좋은 길(잠언서 2장7~9절)을 찾아갈 수 있게 되리니….

  예를 들어 한 송이 백합화(누가복음 12장24~29절)는 뇌가 있는 것도 아니요 심장이 있는 것도 아니며 그렇다고 말을 할 수 있는 것도 아니요 감각 기관(눈,코,입,귀)이 있어서 무언가를 표현할 수 있는 것도 아니며 사람처럼 마음(정서,심리)이 있는 것도 아닌데도 때가 되면 봄에 싹을 틔우고 순이 나오며 여름 내내 잎사귀를 내어 가을에는 그 화려함에 박수를 보내고 싶을 정도의 꽃을 피우며 만약에 결실할 것이 있는 나무였다면 거기에 충실한 열매까지 맺었을 것이며 이렇듯 여리디 여린 백합화의 세상만사가 형통함에는 오직 창조주 하나님께서 만들어 주신 공기, 내리는 비, 내리쬐는 햇빛에 의지하여 흘러가는 대로 그 흐름에 그저 몸을 맡겼을 뿐이니 그런데 우리 인간은 먹고·자고·싸고·입으며 살아가는 일 외에도 살아있는 동안에 최대·최상·최선의 누릴 수 있는 모든 영광 즉 부귀영화(富貴榮華)를 얻고자 하는 욕심을 끊임없이 부리면서 집요하게 집착하여 소유하려 하고 애착하면서 마음대로 되지 않으면 비열하고 비겁한 방법까지도 동원하게 되기도 하지만 이러한 열심과 열정도 기력이 쇠하거나 병들게 되면 하고자 하는 의욕마저 상실하게 되어 결국 언젠가는 이 모든 일이 다 헛되고 헛되다(전도서 4장7~8절)는 것을 깨닫게 되고서도 피곤하여 지쳐 쓰러져 죽을 때까지 미친 미련이 항상 남아 끊어내지 못하여 몸부림(집착,고집,강박)을 치게 되니….

　결과론적으로 주어진 대로, 흘러가는 대로 살아가는 말 못 하는 피조물들(해파리,백합화,까마귀,사자 등등)이 되었건 안간힘을 써가며 영끌하는 우리 인간이 되었건 그 가는 곳이 똑같이 한 줌의 흙(노쇠하고 죽고 썩음)으로 돌아가는 것(전도서 3장18~20절)은 다 마찬가지라고 한다면, 변이를 통하여 적자생존을 한들 자연선택을 받은들 어차피 그 최후 마지막이 "흙"이 되어버리는데 이것이 "진화론의 결말"이라고 한다면 우리 인간이 불완전한, 미완성된 존재인 것처럼 "진화론"도 불완전한, 미완성인 채로 항상 남아있을 것이며 이렇게 미완성된 "일부분의 진화론"에만 얽매여 있다면 사람의 손에 의해 기록된 "진화론"보다 훨씬 오래전 6,000년 전에 그것도 사람이 아닌 신(神)이신 창조주 하나님이 인간(모세,이사야,에스겔,마태,요한,바울 등등)을 통해 기록하게 했던 "창조론(창세기)"역시 사실(실체,실물)이 아닌 허구이거나 픽션(fiction)으로 드러나게 만드는 것이니 그런즉 현재의 우리 인간의 현실적인 모습은 벌써 30만 년이나 흘렀음에도 무언가를 까맣게 다 잊어버리고 있었고(신명기 32장15절) 또 무언가를 배제해 버린 상태에서 생의 바퀴를 굴리고 있었으며 이렇게 배의

키를 운전하고 있었음을 인하여 이런 상태로는 결단코 "진화(進化)의 시작이나 끝, 진화(進化)의 비밀(고린도전서 15장51~54절)"은 언제나 미궁 속에서 쳇바퀴를 돌듯 돌면서 끝나지 않을 "창조론(창세기)"과의 대립과 충돌, 언쟁과 논쟁만이 있게 된다는 것을 잊지 마셨으면 한다.

### (4) 현 인류가 나아가야 할 완벽한 진화론의 방향

　지구의 생성으로 말미암아 이 세상이 살아 숨 쉬며 꿈틀대는 생명력을 갖기 시작한 때는 잘 알고 계시듯이 감히 헤아리기조차 어려운 45억 년 전이며 사실 이 "45억 년"이라는 세월도 제대로 가늠조차 되지 않는데 부모나 족보도 없이 스스로(출애굽기 3장14절) 있었으며 그렇기에 밑도 끝도 없고, 시작도 끝도 없으신 그저 무한한 생명 그 자체이신 "창조주 하나님(히브리서 7장3절)"은 도대체 무엇으로 설명할 수 있을까? 그리고 45억 년 동안 이 지구의 세상에서는 항상 살아있는 생명을 향한, 끝까지 살아남는 생존을 향한 수많은 일(적자생존,자연선택,자연도태 등등)들이 있었고 또 그 수많은 일들 속에서 지구상의 모든 생명체 곧 피조물들은 생성하고 멸종하기를 무한 반복했으며 그 45억 년의 시간에 비하면 고대 인류들(오스트랄로피테쿠스,호모하빌리스,에렉투스,네안데르탈인 등등)이 출현하고 멸종했던 때는 불과 100~400만 년 전의 일이며 그러한 일들 속에서 현 인류(호모사피엔스)가 출현한 때는 겨우 30만 년 전이니 그 영겁의 시간과 세월과 역사에 비추어 보면 우리 인간의 시계는 겨우 하루살이 정도라 표현할 수밖에 없으며 더욱이 최근에서야 비로소 "진화론(종의 기원-1859년)"과 발맞추어 두루두루 각종 학계(과학,의학,인체공학,생물학,지질학,역사학계,철학,심리학 등등)의 눈부시고 발 빠른 발전과 성장도 있었으니….

중요한 것은 "진화론"을 통한 이러한 학계에서 공통적으로 밝혀진 공식적인 이론은 다양한 생물, 생명체들이 여러 가지 환경적, 기후적, 유전적, 변이적, 오염적(전염병,바이러스 등등) 원인과 먹이 경쟁 등에 의해 "출현, 생성, 진화, 퇴화, 도태, 멸종"하기를 무한 반복을 했다는 다 알고 있는 사실이며 그런데 그 연장선상에 있는 우리 인간 역시 멸종을 향한 폭주 기관차를 타고서 무섭게 달려가고 있는 21세기의 이 상황을 그저 자연 이치요 원리라고만 여기면서 받아들일 것이 아니라 이제는 그 좋은 머리로 멸종하여 사라진 다른 피조물들, 고대 인류들을 통한 거울처럼 들여다볼 수 있는 기가 막힌 통계치, 정보치, 경험치들을 활용하여 멸종하지 않을 방법을 찾는 것이 "진화론의 본질적이고 궁극적인 목적"이 되어야 맞는 것이며 또한 비록 지금까지의 수많은 퇴화나 퇴보나 도태를 통하여 이제는 이를 밑거름으로 삼아 결국 끝까지 살아있을 수 있는, 마지막까지 살아남을 수 있는 즉 생명의 보존성, 유지성, 항상성에 그 의의가 있어야 하는 것이 마땅하며 이제 와서 보니 이 모든 것을 가능하도록 도와주고 있었고 "보물섬 지도" 같은 역할을 하고 있었던 것이 바로 우리 사람들 옆에 있는 듯 없는 듯 항상 곁을 지키고 있었던 "창조론(창세기)"이었다는 것을 염두에 두셨으면 한다.

그러나 아이러니하게도 도태하여 멸종으로까지 이어져 가고 있는 이 현실 역시 "진화(進化)하고 있는 것"이라고 표현하면서 우리 인간도 거기에 순응하여 순순히 받아들여야 하는 무슨 상식이나 이치나 원리처럼 생각하고 있다면 진화론(1859년)이 기록된 지는 160년 정도밖에 되지 않지만 "창조론(창세기)"이 있은 지는 6,000년이 훨씬 넘었는데 그렇다면 "창조론"이 왜 필요한가? 하는 것이며 그리고 설득력이 있는 신빙성으로 따져 보아도 "160년 된 진화론"과 "6,000년이나 된 창조론(창세기)" 중에 무엇이 더 신뢰도를 갖고 있을까? 더군다나 "내로남불(내가 하면 로맨스, 남이 하면 불륜)" 하는 것처럼 도태(퇴화,퇴보)를 넘어서 멸종으로 이어지는 세상만사가 남(다른 피조물들)의 얘기가 아니라 입장 바꿔 이제는 우리 인간에게 맞닥뜨린 일이라고 한다면 얘기는 또 달라지는 것이며 이는 지구상에 살아가고 있는 다른 생명체들 곧 피조물들도 마찬가지로써 마냥 손 놓고 있을 수만은 없으므로 이 세상에 태어나 살아가면서 죽고 싶은 사람이 누가 있을까? 또 어떤 부모가 자식(자녀)을 이 세상에 태어나도록 만들어 놓고서 돼져버리기를 바랄까? 이는 굳이 상식적인 이치(섭리)를 들이밀지 않아도 도저히 용인, 용납할 수 없는 반칙이며 그 한 중심에 있는 우리 인간도 예외일 수 없기에 무엇보다 관심사는 어디까지나 현재까지 드러나고 나타난 이러저러한 모든 경험치나 정보치나 통계치를 활용하여 "현 인류(호모사피엔스)의 완벽한 진화론"을 이제 찾아 나서야 할 때이고 또 그러기 위해서는 반드시 "창조론(창세기)"이 있어야 하며 그런 관점에서 아주 다행스럽고 감사한 것은 창조주 하나님께서 "창조론(창세기)"을 다른 시대나 다른 세대가 아닌 시기적절하게 딱 6,000년 전에 사람들(사사,선지자,예언자,사도 등등)을 통하여 기록하게 하셔서 21세기 오늘날을 살아가고 있는 우리들에게 주셨다는 점이며 그리고 21세기 지금이라야 이런 정황(조건), 저런 상황(상태)들이 결국 "이 하나의 일(누가복음 21장34~36절)"을 가리키고 있고 "이 하나의 날(마가복음 13장19~20절)"을 지목하고 있다는 것을 헤아려 이해할 수 있도록 해 주셨다는 부분이니 그런즉 더욱더 먼저 해야 할 일은 "창조론(창세기)"을 오해함으로써 벌어진 왜곡을 인하여 변질되어버린 "참 형상(참뜻,실물,실체)"을 찾아내고 알아내서 제대로 올바르게 바로잡아야 하리니….

　지금에야 이 지구상에 존재하는 인구수가 80억 명을 돌파했지만 30만 년 전 현 인류의 출현 초기만 해도 아직 땅(세상) 위에 우리 인간이 생육하고 번성하기 전이었으므로 사람들이 그리 많지는 않았을 것이며 그렇다고 하더라도 6,000년 전에 기록된 "창조론(창세기)"을 알리고 전하며 인도(안내)하는 종교계 지도자 사람들은 왜 "아담과 하와"를 현 인류의 시작이나 시초인 것처럼 가르치고 있는 것일까? 이것이 바로 창조주 하나님께서 성경책을, 창조론(창세기)을 기록해 주신 목적이나 취지를 한참이나 오해(마태복음 22장29~30절,마가복음 12장27절)하게 만든 첫 단추이며 또한 오해는 착각을 불러일으키고 착각은 또 다른 왜곡을 낳게 되며 왜곡은 그 창조주 하나님의 온전하신 뜻(목적,취지)을 제대로 변질하게 만드는 악순환을 반복하게 되기 때문에 반드시 "아담은 누구인가?" 하는 질문에 대한 완전하고 완성된 답이 나와 줘야 하리니 다시 말해서 "아담과 하와처럼 서로 돕고 돕는 배필 같은 사람들", "아담의 아들인 가인이나 아벨과 같은 사람들"이 기원전 4000년경 즉 6,000년 전에만 있었던 것이 아니라 그 이전에도, 30만 년 전에도 당연히 있었으며 그러니 그 자녀나 자손이나 후손이 되는 사람들도 6,000년 전에 분명히 살고 있었다는 의미이며 그런데 창조론(창세기)에서는 "사람을 흙으로 지으심(창세기 2장7절)"에 관하여 기록하시면서 그 이름을 "아담"이라고 기록하고 있다 보니 "첫 사람(고린도전서 15장45~47절), 처음 사람(마태복음 19장4절)"이라 하여 "최초의 인간", "현 인류의 시초, 시작"이라 전하고 알리고 가르치고 있지만 45억 년 전 이 지구가 생성할 때부터, 원래부터 모든 생명체는 흙(무기물에서 유기물 생명체)에서 왔는데 뭐 새삼스럽게 "아담"만 흙으로 지으심이 아니라는 것이니….

문제는 이러한 가르침을 배우는 창조주 하나님을 믿는다고 하는 성도들이나 이를 전해 들었던 세상 사람들은 전문적으로 전하고 가르치는 지도자들에 비하면 뭘 알겠는가? 배운 대로, 들은 대로 이해하거나 받아들일 수밖에 없으므로 결국 지금까지 창조론(창세기)을 비롯한 성경책 66권의 기록하신 목적과 취지를 한참이나 오해(마태복음 22장29절)하여 잘못 알고 있게 된 것이며 이로 말미암아 결국 진화론과 창조론은 끊임없이 의구심을 품고서 서로 충돌·갈등·대립·논쟁을 할 수밖에 없는 평행선 위에 있었으며 하지만 언제까지 절대로 풀어지지 않는 수수께끼처럼, 밝혀지지 않는 미스터리처럼 미궁 속에 빠져 있을 수만은 없는 노릇이기 때문에 이제는 정말로 바로잡아서 알리고 전하고 가르쳐 주어야 할 때가 이르렀음을 이해하셨으면 한다.

그래서 하나님께서는 우리 인간을 비롯한 말 못 하는 다른 피조물들을 "흙으로 지으신 것 곧 무기물에서 유기물 생명체(창세기 2장19절)"로 지으신 그 자체만을 말하고자 하여 "창조론(창세기)에 창조의 대략(창세기 2장4절)"을 기록해 주신 것이 아니라 이는 이미 과학적으로 증명된 공식적인 이론이라서 이를 모르는 사람이 누가 있을까? 다만 흙으로 지으신 우리 인간 곧 "아담(불특정 다수를 대변하는 이름)의 코(호흡)에 생기(살아가게 하는 힘)를 불어넣은 살아있는 영혼 즉 생령(生靈)으로 창조하신 것(창세기 2장7절)"에 방점(傍點)이 찍혀 있다는 것을 알리고자 하여 기록하신 말씀이므로 이러한 창조의 이론을 사람의 생각(머리) 속에 정립시키고 마음(가슴)속에 확립시킨 때가 바로 "창조론(창세기)"이 기록된 6,000년 전이라는 것이며 또한 생령(生靈) 곧 살아있는 영혼임을 증명하는 생기(生氣) 즉 사람을 비롯한 모든 피조물을 살아있게 하는 힘의 원천과 원동력은 오직 서로의 입장과 처지를 헤아려 이해하고 존중하고 배려하고 양보하며 겸손하여 긍휼히 여기면서 인내할 줄 아는 "사랑(요한일서 4장16절)"에 있기 때문에 이 세상에 부모 없이, 족보 없이, 혈통 없이, 근본(기원,근원) 없이, 뿌리 없이 태어나는 인간이나 피조물들이 어디에 있는가? 어쩔 수 없이 최소한의 사회(남녀,암수)라도 이루어야만 하는 "사회적 동물(생물)"이라는 것이고 또 무인도에 혼자 지내는 것이 아닌 이상 더불어 서로 이해하고 존중하며 배려하고 양보하며 또한 서로 겸손하여 긍휼히 여기면서 인내할 줄도 아는 사랑을 언제나 어디서나 행할 줄 알아야 진정 살아있는 존재라, 살아있는 영혼이라 말할 수 있으리니 이것이 이 세상에 존재하는 우리 인간이 너 나 할 것 없이 나아가야 할 "의(義-옳은 행실)의 길, 선(善-착하고 좋은 마음)의 길"이며 이를 "선한 양심(베드로전서 3장21절)"이라 표현하시는 것이며 그러니 사랑이 없으면 우리 인간은 표정도 없고 영혼도 없는 인형처럼 아무 것도 아닌 것이 되며 사랑이 없으면 그저 입력한 대로 그냥 출력하는 로봇이나 컴퓨터와 다를 것이 없다는 것을 기억하셨으면 한다.

 그런데 문제는, 현실은 그것이 "사랑"이라는 것을 아는 순간, 그런 것이 "의(義-옳은 행실)와 선(善-착하고 좋은 마음)"이었다는 것을 깨닫게 되는 순간(로마서 7장7~10절) 이미 사람의 마음(영혼,심령,정신) 속에 자리 잡고 있었던 "사랑이 아닌 것들, 의와 선이 아닌 것들" 즉 헤아려 이해하는 것이 아니라 미워하고 존중하는 것이 아니라 불평을 하고 배려하는 것이 아니라 비방(흉보고 욕함)하며 양보하는 것이 아니라 함부로(무시,멸시,업신여김) 하고 갑질하면서 짓밟아 버리고 싶은 정욕(욕심대로 하고 싶은 마음)을 인하여 못됐고 나쁜 죄악, 꼬이고 부정적이고 사나운 심성으로 행하고 있었던 자기 자신을 발견하게 되고 또 독불장군(獨不將軍)처럼 내 뜻대로 내 마음대로 좌지우지 수족 부리듯이 칼자루를 휘두르고 싶은 욕심의 유혹(에베소서 4장18~19절)대로 행하였던 자기 자신을 제삼자 입장이 되어 보게 되었으며 또한 이러한 죄의 법(죄됨,악독함)에 사로잡혀서(로마서 7장21~24절) 이리저리 끌려다니고 있었던 모습을 깨닫게 되면서 양심의 가책을 느끼게 되니 "아담(창세기 3장8절)"이 하나님의 낯을 피하여 에덴동산 나무 풀숲 사이에 몸을 숨길 수밖에 없었던 이유였으리라.

중요한 것은 그러한 자신의 상태(입장,처지)를 인지하고 자각하게 되었다면, 죄(犯罪)를 범하고 악독(惡毒)을 행하고 있었던 스스로를 발견하게 되었다면 숨어버릴 것이 아니라 인정하고서 그 순간부터라도 더는 하지 않으면 될 일이고 또 빨리 돌이켜서 고쳐 행하면 그뿐이며 그런 의미에서의 "자유 의지"를 주셨던 것인데 하지 말라고 하면 더 하고 싶은 것이 또 우리 사람의 마음이요 청개구리 심보인지라 보암직(안목의 정욕)하고 먹음직(육체의 정욕)하며 지혜로울(이생의 자랑)(요한일서 2장16절) 만큼 탐스럽게 느껴지는 정욕(욕심대로 하고 싶은 마음)에 이끌리고 붙잡혀(골로새서 2장21~22절) 하나님께서 불어 넣으신 생기보다 더 목숨처럼 사랑하면서 그 욕심을 쟁취하기 위해 죄대로 악독으로 행하였으니 이를 "죄악의 사상, 죄악의 행실(이사야서 59장6~7절)"이라 표현하시는 것이며 이렇듯 우리 인간 스스로가 죄악의 방탕에 방임해 온 것을 비로소 인지하고 자각하도록 알려주신 시점이 "창조론(창세기)"이 기록된 6,000년 전이요 그 시작, 시초, 최초가 "아담(호세아서 6장6~7절)"이라는 것임을 학자(이사야서 50장 4절)같이 깨달아 찰떡같이 알아들으셔야 마침내 "완벽한 진화론"으로 한 걸음을 내디딜 수 있는 계기가 마련된다는 것을 잊지 마셨으면 한다.

## (5) 창조론과 진화론의 한 중심에 있었던 "아담"

　이제 이 시점에서 집중하여 구체적이고 논리적으로 들여다봐야 할 것은 현 인류(호모사피엔스)는 그 어떤 고대 인류들보다도 세상을 직시할 수 있는 개념과 신념을 갖추고 있어서 이를 통하여 깊이 고민할 줄도 알고 생각할 줄도 아는 똑똑한 머리를 갖고 있으며 또한 이 똑똑한 머리로 각종 지식을 섭렵하여 그 어떤 시대보다도 법제화, 문서화, 규모화하여 응용, 활용, 적용, 인용할 줄 아는 노련한 능력도 있어서 그 어떤 세대보다도 놀라울 정도의 과학, 의학, 공학, 지질학, 생태학, 인문학, 역사학, 철학, 심리학 등등을 비롯한 문화와 문명을 발전시키는 경이로운 성과를 이루어 냈으며 마지막으로 그 어떤 생명체 곧 피조물들보다도 감각적이고 감성적이며 정서적인 사고(思考)를 통하여 보이지 않는 추상적인 것들조차도 마치 보고 있는 것처럼 의인화, 동기화, 공감화할 줄 아는 부드럽고 따뜻하며 너그럽고 유연(융통성)하고 선한 가슴(마음,영혼,심령,정신)까지도 소유하고 있으니….

　그런데 어두운 뒷면에 우리 인간은 살아가는 날 동안 먹고·자고·싸고·입고·일하는 생존 본능을 위하여 이성 없는 짐승(유다서 1장10절)처럼 치고받고 물고 헐뜯으며 짓밟아 버리고 피(보복,복수) 터지는 전쟁과 같이 살아온 30만 년의 흑역사가 있음을 인하여 마침내 하나님께서 불특정 다수를 대변하는 한 사람 곧 "아담"을 설정하셔서 사랑으로 행함이 생기(살아가게 하는 힘)이고 그러한 의(義-옳은 행실)대로 선(善-착하고 좋은 마음)으로 살아가는 것이 생령(살아있는 영혼)이라는 "선한 양심의 법"을 그 심령(스가랴서 12장1절)에 심어주(창조하)셨던 6,000년 전이 있었고 이 눈에 보이지는 않았던 "선한 양심의 법"을 비로소 문서화, 법제화, 규모화하여 눈에 보이는 법도(法道)로 정하셔서 모세를 통하여 "율법의 핵심인 십계명"을 주셨던 3,000년 전이 있었으며 이제는 모든 것을 한눈에 볼 수 있고 돌아다니면서도 볼 수 있는 "창조론(창세기)을 비롯한 성경책(66권)"이 생겼고 또 기막힌 발전과 생육, 번성, 충만, 창대의 절정을 이루고 있는 기막힌 21세기가 왔음에도 불구하고 여전히 단 한 걸음도 떼지 못하여 그저 지지부진(遲遲不進)하기만 하며 오히려 고착화되어 해결되지 않고 처리하지 못한 일이 있다면 바로 우리 인간의 "죄(罪)와 악독(惡毒)"이라는 것을 염두에 두셨으면 한다.

  그래서 "죄악(罪惡)"을 정의 내려 보자면 "선을 행할 줄 알고도 행하지 않는 것(야고보서 4장17절)"도 죄악(罪惡)이요 눈과 콧대를 치켜세우고 이마와 얼굴을 금강석(스가랴서 7장12절) 같게 하여 그 마음을 상석(누가복음 14장 8~11절)에 두고서 체면이나 자존심을 위하여 무슨 벼슬인 양, 주인인 양 하면서 미우면 미워하고 뜻대로 안 되면 노발대발하며 마음에 안 들면 비방하고 못마땅하면 함부로 하며 언짢으면 짓밟아 버리는 것(잠언서 21장 3~4절) 역시 죄악(罪惡)이며 그리고 상대방이 겪을 어떤 어려움이나 곤란함이나 괴로움의 고통은 안중에도 없이 이기적이고 자기중심적으로 꼬이고 부정적이고 사나운 심성의 악한 양심(히브리서 10장22절)대로 행하면서 민폐(로마서 13장8~10절)를 끼치는 것도 죄악(罪惡)이니 사실 사람이 사람을 죽이고(살인,자살방조,사회매장,마녀사냥 등등) 때리고(언어폭력,성폭력,특수폭행,학대 등등) 등쳐 먹는(사기,협박,조작 등등) 악랄한 중죄(重罪)는 나라(국가)마다 법률(법규,법령)로 정해 놓고서 실형(징역형)을 때리는 눈에 보이는 죄악이요 죄질이지만 미움, 원망, 불평, 불만, 분노, 비방, 훼방, 무시, 갑질 등등과 같은 사람의 선한 양심에 호소하는 도의적이고 윤리적이며 도덕적인 차원의 죄악은 그냥 실수나 가벼운 잘못 정도로 여겨서 아무렇지 않고 사소하게 넘기기 쉬우므로 거침없이, 거리낌 없이 행하게 되지만 이 모든 것을 하나님 나라 천국에서는 "사형에 해당하는 죄악(로마서 1장29~32절)"이라 표현하고 있으니 모르면 몰랐을까 이제라도 알았다면(사도행전 17장30~31절) 돌이켜서 고쳐 행할 줄 알아야 하며 그러나 뭐가 되었건 처음에 시작하는 한 번이 어렵지 한 번이 열 번이 되고 열 번이 백 번, 천 번이 되어 나중에는 감각조차 무뎌지고 둔해져 담대해지고 대담해져서 다시 주워 담을 수 없는 지경에 이르게 되므로 아담의 아들 가인이 동생 아벨을 쳐 죽이기까지는 동생 아벨보다 더 잘하고 싶고 더 잘되고 싶은 시기(질투,투기)와 욕심의 유혹을 인하여 아무렇지 않게 행하였던 미워하는 마음(요한일서 3장12~15절)의 아주 사소하게 여긴 "죄(罪)"가 발단이 되었기 때문에 창조주 하나님께서는 이러한 것들을 조심하고 경계하여 다스리게(창세기 4장4~8절) 하고자 하셨던 것이며 오직 하나님의 모양과 형상 곧 우리 인간의 심령(영혼,마음,정신)을 온전히 신(하나님)의 성품(베드로후서 1장4~7절)으로 창조하고자 하여 "아담"에게 생기(살아가게 하는 힘-사랑)를 불어넣어 생령(살아있는 영혼)이 되게 하셨던 것이며 이것이 창조주 하나님이 우리 인간을 향하신 본질적인 창조의 취지이시니 그런즉 여기(땅,세상)에서 고쳐 행하지 못한다면 제 버릇 개 못

주기 때문에 거기(하늘,하나님 나라)에 간다고 하여 절대로 고쳐질 수 없는 "미친 마음(전도서 9장3절)"이라는 것을 이해하셨으면 한다.

　정리해 보자면 "아담(창세기 2장19절)"이라 하심은 "온전한 사람(야고보서 3장2절)으로 오실 자의 표상(로마서 5장12~14절) 즉 모형과 그림자"라는 것을 알리시고 전하여 주기 위해 미리 말씀하여 주신 불완전하고 미완성된 불특정 다수의 모든 사람(현 인류)을 의미하니 다시 말해서 "하나님의 모양과 형상대로 사람을 창조하셨다.(창세기 1장26~27절)"라고 기록하고는 있으나 하나님은 사람의 눈으로는 보이지 않는 영(靈)이요 성령(聖靈)이신데 무슨 모양이 있고 어떤 형상이 있을까마는 비록 땅(흙,밭)에 있는 유기물 생명체로서의 사람(아담)의 육체(몸,신체)를 만드셨지만 그 속에 담긴 영혼(심령,마음,정신)만큼은 하늘에 속한 형체 곧 "신의 성품(베드로후서 1장4~8절)인 덕과 절제와 인내와 경건과 우애와 사랑을 닮은 사람"으로 창조하여 그 생기(살아있는 기운)로 살아가는 생령(살아있는 영혼)이 되게 하시며 더 나아가서 온전한 사람만이 소유할 수 있는 쇠하지 않고 죽지 않고 썩지 않는 신령한 몸의 사람(고린도전서 15장45~49절)으로 새롭게 창조된 "새 사람(에베소서 4장22~24절)"으로 지으려 하셨지만 그러하신 하나님의 뜻(취지,목적)을 알 턱이 없었던 우리 인간은 "보암직(안목의 정욕)한, 먹음직(육체의 정욕)한, 지혜롭게 할 만큼 탐스러운(이생의 자랑) 욕심의 유혹"을 좇아갔고 또 그러한 끝이 없고 끝을 모르는 탐욕·탐심·욕심을 성취하고 쟁취하기 위하여 집요하리만치 집착과 미친 열정의 "죄악(이사야서 59장1~3절)"대로 행함을 인하여 살아서 움직이며 부지런히 생활하며 활동하고는 있으나 실상은 "죽은 자(계시록 3장1절)"라 표현하고 있음을 기억하셨으면 한다.

이처럼 사랑(의와 선)으로도 행할 자유, 미움(죄와 악)으로도 행할 자유 즉 마음껏 이렇게도 저렇게도 자유롭게 행할 권리는 누구에게나 있지만 자유(베드로전서 2장16~17절)에는 반드시 책임이 따르고 대가를 지불해야 하는 것 역시 이치요 상식이므로 욕심의 유혹을 좇아서 죄대로 악대로 행한 "첫 사람 아담은 산 영(생령)이 되었다.(고린도전서 15장45절)"라고 표현하심에는 우리 인간을 "그릇(로마서 9장21~24절)"에 빗대어 말해보자면 탐욕과 욕심과 같은 불순물(이사야서 1장25절), 죄됨과 악독함과 같은 찌끼(이사야서 1장21~22절)가 있으면 토기장이는 망설임 없이 깨트려 버리는 것처럼 과거형 곧 육체(몸,신체)는 마음(영혼,심령,정신)이 시키는 대로 움직이기 때문에 처음에는 생기(살아가게 하는 힘)를 불어넣은 생령(살아있는 영혼)이었으나 범죄한 영혼은 죽게(에스겔서 18장20절) 되므로 그 영혼을 보호하는 집 역할을 하던 육체(몸,신체) 역시 폐가(노쇠하여 죽고 썩음)가 되어 다시 무기물 형태인 흙(창세기 3장17~19절)으로 돌아가게 된다는 것을 의미하며 그러나 어떤 부모(아버지 하나님)가 자식(모든 생명체)을 이 세상에 태어나도록 만들어 놓고서 나락으로 떨어지기를 바라며 뒈져버리기를 원할까? 그런즉 "오실 자의 표상(모형,그림자)이었던 불완전하고 미완성된 아담(불특정 다수의 모든 사람)이 아닌 온전하고 완성된 사람으로 오실(드러나고 나타날) 자 즉 마지막 아담(고린도전서 15장45절)"이 본질적이고 최종적으로 창조하고자 하신 "하나님의 사람(디모데후서 3장16~17절)"이며 이는 맏아들(로마서 8장17절,29절)이신 예수 그리스도를 필두로 "하나님의 참 아들들(히브리서 2장10절,12장8절)"이라 표현하고 있으며 이를 "마지막 아담은 살려주는 영"이라 기록하심에는 미래형 곧 처음에 생기를 불어넣어 생령이 되게 하셨고 현재도 생령으로 있으며 앞으로도 생령으로 있어서 그 육체(몸,신체) 역시 더는 쇠하지 않고 죽지 않으며 썩지 않는 신령한 몸(고린도전서 15장46절)으로 변화되고 변형(마태복음 17장2절)하게 될 것을 말하고자 하신 것이므로 이 정도(살려주는 영)는 되어야 멸망하고 패망하여 사망하는 재앙에 노출이 되어 질병으로, 사고로, 재해로 개죽음을 당하듯 파리 목숨같이 흙(죽고 썩음)으로 돌아갈 날만 기다리고 있는 수많은 사람의 마음(영혼,심령,정신)을 치료(말라기 4장2절)하고 치유(이사야서 58장6~8절)하며 소성(에스겔서 47장8~9절)할 수 있고 더 나아가서 말 못 하는 다른 피조물들 역시 치료, 치유, 소성함을 입게 하여 쇠하여 죽고 썩는 허무한 데(로마서 8장19~21절) 굴복하고 썩어짐에 종노릇하던 것에서 벗어나게 하여 무한한 생명의 자유에 이르도록 도와줄 수 있으리니 이것이 바로 피조물들을 정복하여 다스리는(창세기 1장28절) 정석이며 또한 이것이 전적으로 "전지적 창조주 시점의 완벽한 진화론"임을 잊지 마셨으면 한다.

## (6) 사람이 다 사람이 아니라, 진화가 다 진화가 아니라…

　이 세상에는 누가 봐도 정말 착하고 너그럽고 따뜻하며 인품도 훌륭하여 좋은 마음으로 살아가는 사람들도 물론 많이 있지만 중요한 것은 "이스라엘이 다 이스라엘이 아니라(로마서 9장6~8절)" 하시는 것처럼 사람이 다 사람이 아닌지라 사람이 사람을 죽이고(살인,자살방조,사회매장,마녀사냥 등등) 때리고(언어폭력,성폭력,특수 폭행,학대 등등) 등쳐 먹는(사기,협박,조작) 이러한 악랄하고 악독한 짐승(인면수심) 같은 사람들도 있음을 인하여 지금 이 시점에서 꼭 짚어 생각해 봐야 할 것은 이렇게 짐승 같고 사람들의 죄악이야 어쨌거나 더는 그런 잔인한 짓들을 일삼지 못하도록 나라(국가)마다 징역형(구치소,교도소)으로 다스려서 가두어 놓기라도 한다지만 문제는 아주 가볍게 여기며 사소하게 받아들여 가책 없이 그저 실수쯤으로만 인식해서 하루에도 몇 번씩 저지르게 되는 양심(도의적,윤리적,도덕적)에 호소하는 죄악(罪惡)들도 죄라면 죄인데 이는 무엇으로 통제할 수 있을까? 다시 말해서 우리 인간은 어느 누구를 막론하고 자신의 어떤 유익(입장,처지)이나 이익(성공,성취)을 위해서라면 보이는 앞에서의 순하고 선하고 너그럽게 보이던 모습과는 완전히 다르게 보이지 않는 뒤에서의 흉악하고 사나우며 능구렁이, 개망나니 같은 모습을 얼마든지 동전 뒤집듯 뒤집을 줄 아는 간교함과 교활함이 있어서 마음이 여기고 약한 사람들을 호리고 꾀어(가스라이팅) 자신의 이익(욕심,유흥)을 채우는 데 악용하는 괴물 같은 사람도 있기 때문에 거기에 더해 사람 자신의 어떤 힘(재력,학력,위력,나이,성별 등등)을 이용하거나 의지하여 그것이 무슨 벼슬인 양, 상전인 양하면서 밉다고 미워하며 뜻대로 안 된다고 크게 불평하며 마음에 안 든다고 비방(흉보고 욕함)하며 못마땅하다고 함부로(무시,멸시,업신여김) 하면서 언짢다고 갑질하고 짓밟아 버리는 죄를 범하기가 쉬우므로 이러한 죄악은 무엇으로 통제(절제,제어)할 것인가?

더군다나 하나님 나라 천국에서는 땅(세상)에서 이렇게 작은 실수쯤으로 여기는 잘못들을 "사형에 해당하는 죄악(로마서 1장29~32절)"이라고까지 표현하여 기록하고 있기에 누군가는 장난처럼, 실수처럼 내뱉는 말이나 생각 없이 행하는 행동(행실)이라 할지라도 또 누군가에게는 치명적인 상처가 되어 우울증을 만들기도 하며 또 불안 장애가 있는 사람에게는 심각한 더 큰 죄를 유발할 수 있는 독(毒)으로 작용할 수 있는 여지가 반드시 있으므로 뭐가 되었건 그것이 아주 사소한 실수가 되었건 가볍게 생각하는 잘못이 되었건 마음에 이는 못됐고 나쁘고 악하며 꼬이고 부정적이고 사나운 심성의 아주 작은 불씨를 각자가 스스로 절제하고 제어하고 다스리려 하는 노력을 하지 않는다면 이 세상에는 나 혼자만 살아가는 것이 아니라 나와 같은 사람이 80억 명이나 되는데 그 사소한 잘못이나 실수들이 얽히고설키고 또 쌓이고 겹쳐져서 이제는 감당하기 어려운 오류와 부작용의 악순환 즉 각종 질병(염증,암,바이러스,세균,감염병 등등)이나 사고(살인,전쟁,붕괴,압사,추락,침몰,익사 등등)를 통하여 개죽음을 당하게 되며 거기에 불가항력적인 재해(지진,홍수,가뭄,기근,폭염 등등)의 재앙에까지 노출이 된다는 것을 염두에 두셨으면 한다.

그런데 이러한 일련의 모든 미친 세상만사들을 그저 "진화론"에서 주장하듯이 "변이를 통한 적자생존, 자연선택"이라고 말하기에는 작금의 사태는 돌이킬 수 없는 곳까지 너무 멀리 와 버렸으니 왜냐하면 우리 인간의 불완전하고 미완성된 이런 음흉한 마음가짐과 몸부림(말과 행동)들을 인하여 우리 인간 스스로가 자초(이사야서 3장8~9절)하여 불러들인 저주에 가까운 재앙이요 불행을 넘은 인재(人災)이기 때문이며 더욱이 말 못하는 생명체 곧 다른 피조물들은 그저 먹고살기 위해서 흘러가는 대로, 주어진 대로 살아갈 뿐인데 그들은 무슨 잘못이나 죄가 있어서 인간의 끝이 없는 육체의 탐욕과 탐심과 욕심(식욕,성욕,물욕,재물욕,권력욕,성취욕,집착욕 등등)을 채워주기 위한 과잉 포획, 대량 남획, 미세 플라스틱의 위협을 통한 멸종의 위기를 겪어야 하며 또한 인간의 이기적인 오용, 남용, 악용 앞에 생존의 위태로움을 느낄 정도로 언제까지 속수무책으로 당하기만 하는 희생양이 되어야 할까? 이것 역시 그저 변이를 통한 적자생존, 자연선택이라고 표현하면서 마냥 지켜보고만 있어야 하는 것이 맞는 것일까? 이제는 세대가 많이 바뀌었고 또 시대가 시대이니만큼 그 어느 때보다도, 그 어떤 누구보다도, 그 무엇도 덤빌 수 없는 최고·최대·최상위 포식자가 된 우리 인간이 여전히 절제할 줄 모르거나 제어할 줄 몰라 다스리지 않아서 끝이 없는, 끝을 모르는 탐욕·탐심·욕심이 우리 인간을 지배하고 있게 된다면 더는 "변이를 통한 적자생존, 자연선택"이라 표현하는 것조차 부끄러운 말이 되며 오히려 "인간의 탐욕·탐심·욕심을 통한 멸종의 재앙, 인재(人災) 선택"으로 드러나고 나타나게 될 "부분적인(일부분) 진화론"임을 인정하고 인지하고 자각해야 할 때이며 그래야 온전하고 완전한 진화론으로 나아갈 수 있게 된다는 것을 이해하셨으면 한다.

그래서 손톱만큼이라도 세상 즉 보암직한 안목의 정욕과 먹음직한 육체의 정욕과 지혜롭게 할 만큼 탐스러운 이생의 자랑(요한일서 2장15~17절)에 소망을 두어 집착을 하거나 이러한 것들을 낙(樂)으로 삼고서 마치 내일 죽을 것(이사야서 22장13~14절)처럼 염치(디모데전서 2장9~10절) 없이 하고 싶은 것 다 하며 먹고 싶은 것 다 먹으며 놀고 싶은 것 다 즐기며 갖고 싶은 것 다 마음껏 거리낌 없이 누리고 만끽하면서 마음(욕심)이 가는 대로 살아갈 것이 아니라면 이왕에 할 거면 뭐든지 제대로 해야지 이것도 저것도 아니어서(요한계시록 3장15~16절) 이랬다저랬다, 왔다 갔다, 오락가락 하는 것은 "해주고도 욕 얻어먹는다."라는 말도 있듯이 안 하니만 못하고 하나 마나 한 일이 되어 그저 한 줌의 흙으로 돌아갈 뿐이고 정말 바람에 흩날려 사라지는 먼지만 될 뿐이기 때문에 이러려고 창조주 하나님께서 우리 인간을 만드신 것도 아니요 이러라고 조물주 하나님께서 천하 모든 피조물을 사람의 손에 맡겨서 정복하고 다스리게 하신 것도 아니므로 우리 인간이 최소한 그 지으신 신(하나님)의 성품을 손톱만큼이라도 닮은 구석이 있다면 "이건 아니지!!!", "이러고만 있으면 안 되지!!!" 하는 심각성과 경각심을 가질 줄 알아야 그나마 내일(미래)에 대한 실낱같은 희망이나 한 줄기 빛과 같은 소망이라도 품을 수 있음을 기억하셨으면 한다.

정리해서 보자면 알고 계시다시피 지구의 생성이 45억 년 전이니까 조물주 하나님께서는 45억 년 전보다 더 태곳적부터 모든 피조물을 흙(자연 무기물)에서 취하여 유기물 생명체로 만드셨으며 그리고 수억만 년, 수천만 년, 수백만 년, 수십만 년이 흐르는 세월 속에서 피조물들은 생육, 번성, 충만, 창대해졌고 또 변이를 통한 적자생존, 자연선택을 인하여 진화하기도 하였으나 환경적, 기후적, 유전적인 영향이나 집단 병원균 감염, 먹이 경쟁 등등과 같은 여러 원인과 이유를 겪으면서 퇴화, 퇴보, 도태를 통한 멸종도 있었음을 남아있는 화석들이 말해주고 있으며 그리고 진화와 멸종은 아직도 현재 진행 중이니….

중요한 것은 물론 이미 고대 인류가 진화(進化)의 시대를 지나 이제는 멸종하여 이 세상에서 흔적도 없이 사라졌으며 지금은 창조주 하나님께서는 30만 년 전에 현 인류(호모사피엔스)인 우리 인간을 흙(자연)에서 취하여 유기물 생명체로 지으셔서 21세기에 이르렀으니 다만 말 못 하는 다른 모든 생명체와 차이점이 있다면 먹이 앞에 서슬 퍼런 이빨을 드러내고서 서로 물고 뜯으며 그저 본능적으로만 살아가게 하신 것이 아니라 "하나님의 모양과 형상(창세기 9장5~6절) 곧 신의 성품(성정,성질)인 사랑(요한일서 4장16절)"을 호흡(코)에 불어넣은 생기(살아가게 하는 힘)가 있는 생령(살아있는 영혼)이 되게 하여 더불어 이해하고 존중하고 배려하고 양보하며 겸손하여 긍휼히 여기면서 인내할 줄도 아는 "선한 양심(베드로전서 3장21절), 깨어있는 정신(데살로니가전서 5장6~8절)"에서 비롯된 의(義-옳은 행실)와 선(善-좋은 마음)으로 살게 하셨으니 그 시점이 바로 창조론(창세기)이 기록된 기원전 4000년경 즉 불과 6,000년 전의 일이 되겠으며 그것이, 그렇게 하는 것이 "사랑"이라는 것을 인지하고 자각하며 생각에 정립하고 확립하게 된 첫 사람, 최초의 사람, 그런 사람의 시작이 바로 "아담"이었다는 것이며 이것이 "창조론(창세기)"에 기록된 참 형상(참뜻,실물,실체)이요 창조의 대략(창세기 2장4절)이라는 것을 이해하셨으면 한다.

그러나 이렇게 "온전히 사랑으로 행하는 것이 의롭고 선한 양심"이라는 것을 깨닫게 된 순간, 그렇게 정신이 깨어남과 동시에 그동안 본능적으로 이성 없는 짐승(베드로후서 2장12~14절)처럼 살아가던 것들이 죄요 악독임을 일깨우게 되었고 정신이 확 깨면서 오락가락, 왔다 갔다, 이랬다저랬다(로마서 7장7~8절) 하고 있었던 자신을 발견하게 되었으며 그러니 심령이 상하여(베드로후서 2장6~8절) 괴롭기도 하고 또 한편으로는 부끄럽기도(요한계시록 16장15절) 하며 또한 마음 한구석에서는 가책(요한복음 8장7~9절)도 느끼게 되는 것이며 하지만 그렇게 알게 되고 깨닫게 되며 느끼게 되었다면 더는 꼬이고 부정적이고 사나운 심성에서 비롯된 죄를 범하지 않으면 될 일이고 다시는 함부로(무시,멸시,업신여김) 하거나 갑질하여 꺾어 버리거나 짓밟아 버리는 악독으로 행하지 않으면 그뿐인데 내 뜻대로 내 마음대로 좌지우지 수족 부리듯이 칼자루를 휘두르고 싶은 욕심의 유혹에 자꾸만 이끌려서 상전인 양, 주인인 양 상석(上席)에 앉아 있기를 좋아하는 것이 또 우리 인간인지라 사실상 나약하고 못났으며 부족하고 취약함을 인하여 사랑으로만 행한다는 것은 불가능한 일인 채로, 이렇게 불완전하고 미완성된 존재인 채로 21세기 오늘날에 이르렀으니….

  그렇기에 이러한 인간의 여러 욕심 앞에 "서로 이해하고 존중하고 배려하고 양보하는 사랑의 실천, 겸손하여 긍휼히 여겨 서로 희생(인내,감내,감당 등등)해 줄 줄 아는 의(옳은 행실)와 선(좋은 마음)의 행실"은 먹이(욕심,유익,이익 등등) 앞에 서면 어린아이처럼 새까맣게 잊어버리고 날카로운 이빨을 드러낸 짐승과 같이 물고 헐뜯고 치고받고 짓밟아 버리고 피(비방,훼방,보복,복수) 터지는 죄악의 전쟁을 하게 되었으며 그런즉 이러한 불평과 불만, 원망과 비방, 보복과 복수의 전쟁이 현 인류가 있은 이래로 없었던 적이 있었던가? 또한 이러한 전쟁은 결국 우리 인간을 인면수심(人面獸心)의 짐승보다 더한 생기(살아가게 하는 힘)조차 없는, 영혼 없는 무자비하고 악독하며 잔인한 괴물로 만들어 버렸고 그 결과로 취함을 입었던 그 흙으로(창세기 3장19절) 다시 돌아가는 멸망하고 파멸하고 사망하는 재앙과 저주의 악순환을 불러들였으며 다람쥐 쳇바퀴를 돌 듯 재앙과 저주 속에서 돌고 도는 윤회를 반복하고 있고 또 새 생명이 또 다시 태어나는 환생을 거듭하고 있는 것이며 이를 인하여 조물주(주인) 시점에서는 사람의 생령(영혼,심령,마음) 지으심을 한탄(창세기 6장5~7절)하실 수밖에 없으셨고 이제는 이러한 불완전하고 미완성된 부족하고 취약한 "첫 사람 아담" 말고 완전하게 완성된 오실(드러나고 나타난) 자 곧 진짜 사람다운 사람인 "마지막 아담 즉 둘째 사람(고린도전서 15장45~47절)"을 하나님께서 만들고자 하심이 "창조론(창세기)"을 기록해 주신 목적과 취지이며 이로써 "완벽한 진화론"도 그렇게 완성되는 것이기 때문에 비로소 우리 인간이 "만물의 영장(靈長)"이라는 자격과 명분으로 생육, 번성, 충만, 창대하게 하시며 또한 모든 피조물을 정복하고 다스리는 주인이 되게 하려 하심이 "창조론(창세기)에서 이루실 일"이요 "모든 생명체의 진화(進化)의 완전한 끝"이 됨을 잊지 마셨으면 한다.

## (7) 아담이 쥐고 있었던 완벽한 진화론의 방향

　우리 사람들은 너 나 할 것 없이 이구동성으로 하는 말 중에 "이 세상에 영원한 것은 없어!!", "인생은 일장춘몽(一場春夢)이지.", "어차피 공수래공수거(空手來空手去)야!!"라고 얘기하면서 "다 흙(유기물 생명체)에서 왔으니 다시 흙(무기물)으로 돌아가는 거야." 하는 말들을 쉽게 하며 또한 자연의 이치(섭리)인 것처럼, 지당한 원리, 순리인 것처럼 당연하게 얘기해 주기도 하며 또 그렇게들 받아들이고 있으나 진짜 참된 이치요 변하지 않는 진리와 원리는 무엇이어야 맞을까?

　다시 말해서 거듭 말씀드리지만 어떤 부모가 자식(자녀)을 이 세상에 태어나도록 만들어 놓고서 죽을 날을 받아놓은 사람처럼, 지금 당장 죽게 생겼는데도 "인명(人命)은 재천(在天)이지!!" 하면서 아무렇지 않게 인정할 수 있을까? 하나님은 우리 인간을 비롯한 모든 만물의 이치(섭리, 진리, 원리, 순리 등등)는 물론이거니와 말 못 하는 모든 생명체 즉 피조물들을 지으시고 만드신 "창조주"이시고 그와 동시에 또 지으시고 만드신 부모님(아버지 하나님)이시니 다만 눈에 보이는 육체가 없는 영(靈)으로 계시다 보니까 지으신 우리 인간의 육체(몸, 신체)를 장막(고린도후서 5장1절)으로, 거하실 거처 곧 집(고린도전서 3장16절)으로 삼아 그 무한한 생명선상(生命線上) 위에 올려놓으시고 함께(임마누엘)하고자, 거기에 깃들고자(마가복음

13장18~19절) 하시는 것이며 또한 우리 인간으로 하여금 하나님 곧 항상 있는 무한한 생명 그 자체를 옷처럼 덧입게(고린도후서 5장2~4절)하려 하심이므로 그러한 소망을 간절하게 품고 살아가는 것이 우리 인간의 할 일이며 그리고 덧입었다면 생명의 안심 보호막(잠언서 6장20~22절) 아래에 있기에 닥쳐오는 재앙이나 저주에 가까운 멸망과 패망과 사망의 그물에서 벗어나게 되리니….

바꾸어 말하자면 생각지 않은 질병(염증,암,바이러스,세균 등등)에 걸리거나 뜻밖의 사고(전쟁,살인,압사,붕괴,폭발,추락,침몰,익사 등등)를 겪거나 느닷없는 재해(지진,홍수,폭염,가뭄,기근 등등)와 같은 재앙에 노출된 죽음의 공포에서 벗어나게 된다는 의미이며 그런 차원의 "인명(人命)은 재천(在天)"이라는 참뜻(실체)이지 어떤 부모(아버지 하나님)가 갑자기 죽음의 문턱에, 패망의 낭떠러지 앞에 세워서 자식(피조물)이 죽어 나가는 것을 보고만 있을 부모가 어디에 있을까? 죽음 앞에 절망스럽지 않은, 억울하지 않은, 원망스럽지 않은 죽음은 없음을 인하여 우리들이 얼마나 하나님의 생명체 지으심의 뜻(취지,목적)을 오해하고 왜곡하고 변질시켜 왔는지를 이제는 헤아리고 이해하여 제자리로 옮겨 놓고 돌려놓아야 할 때라는 것을 염두에 두셨으면 한다.

그래서 이쯤에서 바로잡아야 할 중요한 것은 창조주 하나님께서 우리 인간에게 "아담처럼 패역하지 말라.(호세아 6장7절)", "가인같이 악독을 행하지 말라.(요한일서 3장12절)"라고 말씀하셨던 이유는 6,000년 전의 아담과 그 아들 가인이나 21세기의 오늘날을 살아가고 있는 우리들(아담의 후손, 가인의 후예)이나 별반 다르지 않고 살아가는 것이 다 똑같으니 그렇게 행하지 말기를 알리고자 하여 기록하신 것이기 때문에 그렇다면 아담이 행하였던 패역은 무엇이고 가인이 행하였던 악독함은 어떤 것이었을까?

그것이 무엇이 되었건 창조주이시며 부모님이신 아버지 하나님께서 "먹지도 말고 보지도 말며 만지지도(창세기 3장3절) 말고 붙잡지도(골로새서 2장21~22절) 말라."라고 말씀하실 때는 지음을 받은 피조물로서의 선(욕심, 욕망,욕구)을 넘어가는 일이기 때문이며 선(탐욕,탐심,야욕)을 넘었다는 의미는 욕심 앞에 사랑(이해,존중,배려,양보)이 보일 리가 없고 탐욕 앞에 사랑(긍휼히 여기는 마음, 희생하는 마음)을 실천할 리가 없으며 오히려 철저하게 이기적이고 자기중심적인 이중, 다중인격으로 돌변하게 만드는 것이 인간의 욕심·욕망·욕구, 탐심·탐욕·야욕이므로 "하지 말라, 하지 말라." 하셨던 것이며 그러나 뒤돌아서면 새까맣게 잊어버리는 것이 우리 사람인지라 결국 뜻대로 안 되니까 미워하고 분노하게 되며 마음에 안 드니까 비방(흉보고 욕함)하고 훼방(보복,복수)하게 되며 못마땅해지니까 무시(멸시,업신여김)하고 짓밟아 버리게 되며 언짢아지니까 불평, 불만, 분노로 갑직하는 죄대로 악대로 행하게 되기 때문에 이를 "죄악의 사상, 죄악의 행실(이사야 59장6~7절)"이라 표현하신 것이니 이를 6,000년 전에서야 비로소 "아담들(불특정 다수의 사람을 대변하는 이름)"에게 세워주셨던 "최초의 하나님 나라의 법 곧 율법(low)"이요 그런데 말하기 좋게 "율법"이라 표현했지만 6,000년 전에 무슨 법제화된, 문서화된 법(법전)이 있었을까? 더 정확하게 구체적으로 말하자면 "선한 양심과 악한 양심의 경계선"을 인간의 마음(심령,영혼,정신)속에 심어주셔서 이를 인지하고 자각하게 하셨다는 뜻이며 훗날 드디어 하나님 나라 천국의 법을 법제화, 문서화, 규모화하여 모세를 통해서 주셨던 것이 바로 "하나님의 손으로 만드신 모세의 율법과 그 핵심인 십계명"으로서 그 후에 사람의 손으로 만든 고대 법전인 함무라비 법전이 나온 것이니 비록 기원전 1000년경 곧 3,000년 전에 모세 오경(五經) 곧 율법(창세기,출애굽기,레위기, 민수기,신명기)을 하나님께 받아서 기록하게 되었지만 이 율법은 모세가 태어나기 1,000년 전의 아브라함의 때, 아브라함이 태어나기 1,000년 전의 노아의 때, 노아가 태어나기 1,000년 전의 아담의 때에 있었던 일들 즉 "창조론(창세기)"까지도 율법에서 포함하여 기록하고 있는 만큼 우리 인간이 알고 있는 법전(法典) 중에서는 가장 오래된 것이 창조주 하나님께로 받은 "모세의 율법"이 된다는 것을 기억하셨으면 한다.

중요한 것은 거듭 말씀드리지만 창조주 하나님께서 이 모든 것 곧 선(좋은 마음)과 의(옳은 행실)가 무엇인지, 죄와 악독이 어떤 것인지를 사람의 마음속에 인지하고 자각하게 하여 그 뇌리(이성,지성)에 정립하고 확립하도록 심어주셨던 그 첫 사람(고린도전서 15장45절), 처음 사람(마태복음 19장4절)이 불특정 다수의 모든 사람을 뜻하는 "아담(로마서 5장13~14절)"이라 표현하여 기록하신 것이 "창조론(창세기)"이지 6,000년 전 아담이 있기 훨씬 전에도 아담과 같은 사람들은 여기저기에서 살아가고 있었으며 또한 아담의 아들 가인이 있기 전에도 이미 이 세상에는 고대 인류를 비롯한 가인과 같은 자손들, 후손들도 함께 공존하여 살아가고 있었다는 것을 이해하셔야 하리니 그렇기 때문에 "창조론(창세기)"에서 하나님이 굵직굵직하게 기록해 놓으신 우리 사람들(아담,가인,노아,아브라함,롯,이삭,야곱,요셉 등등)들을 통하여 우리 인간은 잘못과 실수투성이, 혐의와 오류투성이인 불완전하고 미완성인 존재라는 것을 알리고자 하셨던 것이고 또 이렇게 못나고 부끄러운 모습인 채로 살아가도록 만들었던 장본인은 바로 "욕심의 유혹"이라는 것을 전하고자 하셨던 것이며 또한 그

"탐심, 욕심의 유혹"을 인하여 죄되고 악독한 미친 양심을 품고서 한 세대가 가고 또 한 세대가 오기를 무한 반복(전도서 1장4절)하고 있었다는 것을 가르쳐 주고자 하셨던 것이므로 시대 시대마다 우리 인간의 끝이 없는 욕심·욕구·욕망에서 비롯된 보복·복수, 테러·전쟁이 없었던 적이 있었던가? 또 우리 인간의 끝을 모르는 탐욕과 탐심과 욕심. 그리고 거기에서 비롯된 미친 집착으로 말미암아 질병(염증,암,바이러스,세균 등등)과 사고(전쟁,살인,폭발,붕괴,교통,압사,추락,침몰,익사 등등)가 없었던 적이 있었던가? 거기에 더해서 말도 안 되는 두렵고 무서운 재해(홍수,지진,가뭄,기근,폭염 등등)까지 곳곳에서 도사리고 있으니 그런 가운데서도 놀랍게 양(육체,육신,몸)적으로는 변이를 통한 적자생존, 자연선택의 진화(進化)를 해 오면서 21세기의 첨단 과학, 의학, 공학, 생물학, 지질학, 심리학, 철학 등등이 발전하였고 첨단 산업, 문화, 문명이 발달하여 눈부신 21세기를 맞이하였으며 그러나 질(마음,영혼,심령,정신)적으로는 오히려 6,000년 전보다도 더 피폐해지고 황폐해지고 메말라 파리해지는 퇴화와 퇴보와 짙은 퇴색을 겪게 되면서 오히려 지능적으로는 더 악랄해지고 더 교활해지고 더 개망나니가 되고 더 능구렁이가 되어가는 진화(進化) 아닌 진화(進化)를 이루었으니 우리 인간이 욕심과 욕망으로 방탕하였던 것이 기후 위기를 불러왔고 또 탐욕과 탐심으로 방임하여 일으킨 미세 플라스틱 위험 속으로 몰아넣고 있으며 이를 통하여 이 지구(세상)에 살아가고 있는 모든 피조물을 멸망과 파멸과 사망과 썩음을 넘어선 멸종의 구렁텅이로 이끌어가고 있는 장본인이 되었기 때문에 이러한 우리 인간의 모습과 상태로는 조물주 하나님께서 뭘 믿고, 뭘 보고서 세상 모든 만물, 피조물들을 우리 인간의 손에 맡겨서 정복하고 다스리도록(창세기 1장

28절) 하는 권한을 주실 수 있을까?

그런즉 온전하고 완전하게 완성되어 오실(드러나고 나타날) 자 곧 "마지막 아담, 둘째 사람(고린도전서 15장45~47절)"에 관하여 알리기 위해 "처음 사람, 첫 아담"을 먼저 기록해 놓은 것이 바로 "창조론(창세기)"이며 또한 이 두 가지 일(첫 사람 아담, 둘째 사람 마지막 아담)이 서로 짝(이사야 34장 16절)이 되므로 창조론(창세기)이 요한계시록(성경책 끝) 다음에, 성경책 맨 마지막에 있어야 한다고 표현하는 것이니 그런데 "모세의 율법(창세기,출애굽기,레위기,민수기,신명기)"과는 사실 크게 연관성이 없는 이 "창조론(창세기)"을 성경책의 맨 앞에 포함하여 두셨던 것은 욕심의 유혹을 인하여 패역(미움,원망,불평,분노,비방,훼방,무시,갑질 등등)하고 악독(잘라 버리고 꺾어 버리고 짓밟아 버림)한 양심의 죄를 아직도 지금도 여전히 행하고 있는 불완전하고 미완성된 우리 인간(아담의 후예, 가인의 후손)을 "아담"이라 이름하여 겉(전면,표면적)으로 드러내서 기록은 해 주셨으나 속(이면,본질적)으로는 마침내 온전히 사랑(이해,존중,배려,양보 등등)을 실천하고 긍휼한 마음으로 희생할 줄도 아는 의(옳은 행실)와 선(착한 일)한 양심의 완전하고 완성된 인간 곧 "둘째 사람 마지막 아담"을 나타내기 위하여 종말(요한계시록)을 처음(창세기)부터 말씀해 주셨고 아직 이루지 아니한 일들을 옛적부터 미리 보여준 것이므로 "창조론(창세기)"은 그야말로 시작과 끝이요 처음과 나중이며 알파와 오메가(요한계시록 22장13절)이니 그런즉 겨우 160년의 역사를 가진 사람의 손으로 만든 "진화론(1859년 다윈 작)"이 6,000년의 역사를 가진 하나님의 손으로 만드신 "창조론(창세기)"을 절대로 회피하거나 무시할 수 없음은 창조주 하나님(신)의 성품, 생각, 사상, 이치(섭리,진리,순리,원리 등등)를 닮은, 그러하신 하나님의 모양과 형상대로 지음을 받은 사람의 손에 의해 나온 것이 "진화론"이기 때문에 그것이 어디 가겠는가? 다 하나님께로 나온 것이므로 명확하고 구체적이고 완벽한 해답은 "창조론(창세기)"에 있고 그렇기에 "창조론(창세기)"에서 찾아야 한다는 것을 잊지 마셨으면 한다.

## (8) 완벽한 진화론의 포문을 열어준 천지 창조

　사실 흘러가는 대로, 그냥 주어진 대로 살아가다가 때가 되면 시들고 떨어져서 다시 흙으로 돌아가는 이러한 허무한 데 굴복하면서 썩어짐에 종노릇(로마서 8장19~21절)하고 있는 말 못 하는 모든 생명체 즉 피조물들이 무슨 죄가 있고 무슨 잘못이 있으랴!! 쇠하여 죽고 썩어서 다시 흙(먼지)이 되어버리기를 무한 반복하는 삶을 이제는 당연하게 받아들이면서 이것이 진짜 무슨 이치쯤으로, 상식쯤으로 여기며 그렇게 인정하면서 살아가고 있는 우리 인간이 문제이지. 그렇기 때문에 "하지(먹지도) 말라, 하지(보지도) 말라, 하지(탐내지도) 말라." 하신 하나님의 요구를 어기며 배반(배신,배도)하고서 오히려 탐욕과 욕심의 유혹에 이끌려 해서는 안 될 패역과 악독함까지 행함을 인하여 흙으로 돌아가는 저주 아래(창세기 3장17~19절)에 있게 되었으므로 이제는 거기서 도망쳐 나와야 할, 벗어나야 할 과제가 우리 인간에게 남아있으며 또한 이러한 저주의 족쇄(쇠고랑)가 되게 하였던 입고 있는 인면수심(人面獸心)의 가죽옷(창세기 3장19절)을 벗어 던져야 할 숙제가 우리 인간에게 있으니 이를 위하여 창조주 하나님께서는 수많은 세월의 6,000년과 수많은 사람들(사사,선지자,예언자,사도 등등)을 통하여 성경책(66권)을 기록하게 하셨으며 그런데 혹자는 "그러면 창조주 하나님께서 처음부터 사랑(인자,인애,자비,긍휼)이 있는, 선(좋은 마음)대로 의(옳은 행실)대로 행하는 그런 사람으로 지으실 것이지 왜 이렇게 못나고 부족하며 불완전하고 미완성인 사람으로 만드셨을까?" 하는 의문이 가득한 원망과 불평, 불만의 말을 내뱉기도 하지만 만약에 그렇게 한다면, 그렇게 입력된 프로그램대로 출력하는 인형이나 로봇이나 컴퓨터와 무엇이 다르다고 말할 수 있을까? 뜻은 이러하시니 "스스로 있는 자이신 하나님(출애굽기 3장14절)"의 성품을 닮은 주도적으로 스스로(자유 의지) 할 줄 아는 사람을 만들고자 하신 것이며 또한 스스로 선택하였던 자유에 대한 책임과 대가를 스스로 담당하는 능동적이며 자발적인 주체(主體)로서의 사람으로 세우고자 하셨던 것이기 때문에 "하늘은 스스로 돕는 자를 돕는다.(잠언서 6장3~5절)"라는 명언은 결코 그냥 어디서 뚝 떨어진 말이 아님을 이해하셨으면 한다.

  그래서 마음이 아프도록 안타깝고 정말 인정하기는 싫으나 우리 인간을 다시 흙으로 돌아가게 했던 재앙의 매개체는 단연 질병(염증,암,바이러스,세균,감염 등등)과 사고(전쟁,교통,붕괴,압사,추락,침몰,익사,질식 등등)이며 거기에 보태서 저주에 가까운 불가항력적인 재앙이라 할 수 있는 재해(홍수,지진,가뭄,기근,폭염 등등)가 있어서 그나마 공식적으로 정해져 있는 사람의 수명(백세 인생)조차도 다 채우지 못하고서 모기 목숨처럼 갑자기 죽는 개죽음을 당하고 있으니 이러한 재앙과 저주에 속수무책으로 당할 수밖에 없고 여기에 직면하고 있는 불완전하고 미완성된 그 첫 시작점이 "첫 사람 아담"이었는 것을 알리고자 하셨던 것이며 문제는 이러한 아담들(불특정 다수의 모든 인간)의 손(정복하고 다스림)에 맡겨졌던 말 못 하는 모든 피조물은 도대체 무슨 죄와 잘못이 있어서 이렇게 썩어짐에 종노릇(로마서 8장19~22절)을 하고 있어야 하며 우리 인간에 의한 말도 안 되는 희생양이 되어야 하는가?

　그러니 창조주 하나님께서 이러한 불완전하고 미완성된 "아담들(불특정 다수의 모든 인간)"을 통하여 업그레이드된 사람다운 사람, 인간다운 인간 즉 온전하고 완전하게 완성된 "둘째 사람 마지막 아담"을 지으려 하심을 기록하신 것이 "창조론(창세기)"을 비롯한 성경책(66권)이 되겠으며 또한 처음(창세기)부터 이르신 종말, 옛적(창세기)부터 미리 보이신 아직 이루지 아니한 일들(이사야 46장10절)을 성경책(66권) 안에 빠짐없이 기록해 놓으셨기 때문에 "구슬이 서 말이라도 꿰어야 보배다."라는 속담도 있듯이 그 짝(이사야서 34장16절)을 찾아내서 그러하신 창조주 하나님의 뜻을 헤아려 이해하는 것이 관건이며 하지만 이 역시 하나님께서 보여 주지 않는다면 어찌 보겠으며 보여 주셨다면 어찌 이 귀하디 귀한, 어마어마한 사실들을 전파하지 않겠으며 전파하지 않았다면 어찌 또 듣지 않겠고 알게 되지 않겠으며 믿지 않겠는가? 이는 바꾸어서 말하자면 본 것이 없고 들은 것이 없기 때문에 진작에 전파(알리고 전하고 가르침)하지 못하였던 것이며 또한 배우는 사람들(성도)은 가르치는 사람에 비하면 뭘 알겠는가? 다만 가르치는 사람의 욕심(식욕,성욕,물욕,재물욕,권력욕,성취욕,소유욕,집착욕 등등)과 이기적인 생각(가치관,성향,잣대 등등)이 들어간 시각과 고학력의 전문 지식들을 섞어서 하나님의 이름(명함)과 그리스도를 이름(간판)을 앞세워 교묘히 현란하게 교란하여 배우는 이들(성도,백성)로 하여금 지도자 사람(목사,전도사,선교사,교황,신부님,수녀님,선생 등등)에게 무조건 맹종(복종,굴복)하도록, 맹신하도록 만들어 왔으니 이것 역시 끝이 없는, 끝을 모르는 우리 인간의 탐욕·탐심·욕심에서 비롯된 미친 마음이므로 우리 인간은 나이가 많든 적든, 학력이 높든 낮든, 재력이 많든 적든, 지위가 높든 낮든, 남자이건 여자이건 다 욕심에서 비롯된 죄와 악독 앞에 부족하고 연약하며 못났기는 마찬가지임을 염두에 두셨으면 한다.

정리해 보자면 흙(자연,무기물)에서 취하여 그 육체(몸,신체)를 지으신 현 인류(호모사피엔스)의 출현은 우리가 다 알고 있는 30만 년 전이 정확하게 맞으며 그런데 왜 30만 년 전이어야 했을까? 하는 의문을 품고서 하나님의 경영하시는 일(이사야서 14장24~27절)의 깊이와 높이와 길이와 넓이(에베소서 3장14~19절)를 감히 측량할 길은 없으나 굳이 설명해 본다면, 저 역시 자식(자녀)을 두고 키우는 창조주 아버지 하나님과 같은 부모의 심정과 입장에서 짐작해 보자면 "인연과 운명이 합쳐진 필연"이라 표현하고 싶으니 왜냐하면 사랑(이해,존중,배려,양보,겸손,긍휼,희생,인내 등등)에서 비롯된 의(옳은 행실)와 선(좋은 마음)이 우리 인간에게 생기(살아가게 가는 힘)와 생령(살아있는 영혼)이 된다는 것을 인지하고 자각하게 하여 생각에 정립, 확립시켜 그러한 마음과 정신과 영혼 곧 심령(스가랴서 12장1절)을 지어 주셨던 최초의 사람 즉 "아담(불특정 다수의 모든 사람)"이 있기 시작한 시점은 고작 6,000년 전이고 6,000년밖에 되지 않았으나 먹이(이권,패권,이익,유익 등등) 앞에 이성 없는 인면수심의 짐승(유다서 1장10절)처럼 서로 치고받고 물고 헐뜯으며 짓밟아 버리면서 피(보복,복수) 터지는 전쟁의 죄악으로 행하면서 살아왔고 또 이미 마음에 자리 잡고 있었던 탐심·욕심의 유혹에 의해 항상 이랬다저랬다, 왔다 갔다, 오락가락하였던 스스로를 동시에 발견하게 되었으므로 이럴 수도 없고 저럴 수도 없는 딜레마 속에서 살아갔겠지만 그럼에도 불구하고 마음을 굳게 잡고서 온전히 사랑을 실천하는 의(옳은 행실)와 선(좋은 마음)대로 행하였더라면 1,000년 동안 지속되었고 유지되었던 아담의 시대와 세대를 홍수로 쓸어버리는 멸망과 패망과 사망의 재앙을 당하지는 않았으리라.

　아담의 시대와 세대에서의 천지(하늘의 이치와 땅의 원리)는 그렇게 1,000년이 흘러가는 동안 당연히 생육, 번성, 충만, 창대해져 갔을 것이며 하지만 선악을 알게 하는 나무의 열매에서 발단이 된 그 세계는 사람의 죄악이 세상에 관영함과 그 마음의 생각의 모든 계획이 항상 악할 뿐임을 인하여 하나님께서는 땅 위에 사람 지으셨음을 한탄하시며 마음에 근심하시고 홍수로 쓸어버리심(창세기 6장5~7절)으로써 등장하게 된 것이 바로 노아의 시대와 세대의 새롭게 펼쳐지는 천지(天地)가 되겠으니 다시 말해서 아담의 시대로부터 1,000년이 지난 후 BC 3000년경 즉 지금으로부터 5,000년 전에 하나님께서는 모든 생명체 곧 피조물들을 사람이 정복하여 다스리도록 손(창세기 1장28절)에 맡겨주셨으나 사람의 끝이 없는 탐심과 욕심을 인하여 인간은 물론이거니와 인간의 손에 맡겨졌던 모든 피조물까지도 지구(지면)에서 쓸어버려 멸절(완전 멸망)을 당하게 하셨으니 하늘 아래 땅 위에 40주야 비를 쏟아 내린 "홍수(창세기 7장 17~24절)"가 그것이고 세상을 덮어 버리셨으며 이로써 1,000년 동안 이어져 왔던 아담 시대(세대)의 천지는 홍수를 통하여 그렇게 막을 내리게 되었고 다만 이 시점에서 또 짚고 넘어가야 할 것은 겉으로 드러나고 나타나 보이는 방주(方舟)가 뭐가 그리 중요하며 또한 현재 그 방주가 어디에 있는지 찾기도 어렵고 찾지도 못하는 그 방주가 뭣이 그리 중하겠는가? 하나님을 아는 강력한 이론 곧 사랑에서 비롯된 의(義-옳은 행실)와 선(善-좋은 마음)으로 행함이 선물로 주시는 무한한 생명이 있는가 하면 욕심에서 비롯된 죄와 악독이 주는 죽음의 재앙에 대한 개념(고린도후서 10장4~7절)이 아담의 시대와 그 세대에 의해 버려졌던 "의(옳은 행실)와 인(사랑)과 신(믿음의 신의)"이 함께 들어있었던 것이 "참 형상(참뜻,실물, 실체)의 방주(方舟)"이며 이것이 찍어야 할 핵심적인 방점이기 때문에 중요한 것은 그렇게 새롭게 등장하고 출현한 노아의 세계(世界) 즉 노아 시대의 새로운 천지(天地)가 열렸다면 그 세대의 입장에서는 사실 100년, 200년 전 아니 당장에 50년, 60년 전의 아담 때의 어떤 역사적인 사실·사건·사고를 전혀 알 수가 없고 더군다나 문서화된 어떤 역사책이 있었던 것도 아니므로 챙겨 볼 방법도 더더욱 없었으며 그러니 그렇게 1,000년 동안 이어져 왔던 아담의 시대(천지)에서 겪은 한없이 부족하고 부끄러우며 악독한 흑역사의 수많은 일들에 대해서 결코 기억함이 없었을 것은 너무도 당연한 일(전도서 1장9~11절)이며 다만 노아의 세대에 들어오면서 그 시대에서 마주하게 되는 당면한 하늘 아래, 땅 위에 새롭게 펼쳐진 그 이치(섭리)와 상식과 공정과 기본(근원)을 세운 새로운 천지가 시작되며 이를 어려운 말로 "노아 시대의 천지 창조"라고 표현하는 것이며 그러한 차원의 "천지 창조"를 말하고자 하심이 하나님의 "창조론(창세기)"의 본질적인 핵심이라는 것을 이해하셨으면 한다.

그러나 놀랍게도 우리 인간은 어느 시대 어느 세대를 막론하고 어느 누구랄 것 없이 처음에 가졌던 참 순수하고 신실하며 그 솔직·정직하여 순전했던 마음(처음 사랑)은 시간이 흐르면서 새까맣게 잊어버리거나 퇴색되어 체면이나 자존심과 같은 지킬 것이 생기면서 점점 변질되어 갔으며 특히나 재물(재력,학력,위력 등등)과 같은 욕심과 탐심(성취욕,쟁취욕,집착욕 등등) 앞에서 능구렁이나 개망나니가 되기 쉬우므로 기원전

3000년경 즉 지금으로부터 약 5,000년 전 노아의 시대와 그 세대에도 사람 살아가는 것은 다 똑같기 때문에 아담의 시대와 그 세대에서 겪은 동일한 죄와 악독의 스트레스를 노아의 시대와 그 세대에서도 점점 행하게 되었고 그러한 스트레스는 또한 동일한 질병과 각종 사고와 재해가 있는 재앙과 저주의 전차들을 당연히 또 밟게 되는 것이니….

　이렇게 흠(실수,잘못) 많고 점(죄와 악독) 많은 "아담(불특정 다수의 사람들)"과 또 그렇게 나고 죽고 나고 죽고 나고 죽고를 반복하였던 "아담의 후손들"이라고 별수 있었겠는가? 더욱이 아담의 시대(세대)에서 겪은 부끄럽고 부족하고 못난 모습들은 거울과 경계(조심)와 생명의 교훈으로 삼아서 노아의 시대에 와서는 똑같은 전자들을 밟지 말아야 하는데 또다시 반복하여 동일하게 행하게 되는 것은 거듭 말씀드렸지만 목숨보다 더 목숨같이 여기는 탐심, 욕심을 성취하고 쟁취하기 위하여, 생명보다 더 생명같이 여기는 체면과 자존심을 지키기 위해 해서는 안 될 짓 곧 죄대로 악독대로 행하게 되는 불완전하고 미완성된 존재이기 때문이며 그런 즉 아담의 시대는 노아의 시대(누가복음 17장26~27절)가 옴으로써 끝나게 된 것처럼 노아의 시대와 세대 역시 1,000년이 흐른 후에 또 다른 세계(世界) 즉 아브라함의 시대와 세대가 등장함으로써 노아의 세계는 쇠퇴·쇠락의 길을 걷게 되니 아브라함의 세계 곧 새로운 천지(天地)가 열렸다는 것은 아담의 세대와 마찬가지로 노아의 시대 역시 "타락(히브리서 6장4~6절)하고 부패(고린도후서 11장3절)한 세대(마태복음 24장36~43절)"였다는 것을 미루어 짐작할 수 있는 대목이며 이 역시 6,000년이라는, 5,000년이라는 시간이 무색하게도 그저 숫자에 불과한 그야말로 헛되고 헛된 세월(전도서 12장8절)이었으므로 하나님께서는 온전하고 완전하여 사람다운 사람 즉

"둘째 사람 마지막 아담(고린도전서 15장45~47절)"이라 하듯이 "둘째 사람 마지막 노아(베드로전서 3장 20~22절)"를 말하고자 하셔서 창조론(창세기)에 노아 시대의 역사를 기록하셨음을 기억하셨으면 한다.

그러므로 5,000년 전 노아의 시대에 있었던 대홍수 이후 이 인간 세상에 비로소 농사(포도 농사)를 짓게 되는 농업(창세기 9장20절)이 시작되고 발달하게 되었으며 농업이 발달하기 시작했다는 것은 동시에 농업에 가장 필요한 비(물)와 또 비와 관련된 불가항력적인 재앙의 상황(홍수,침수,침몰,익사 등등) 역시 마주하게 되었다는 의미이기도 하기에 이런 대자연의 이치(섭리,원리) 앞에서 우리 인간이 얼마나 무기력하고 약하디 약한 존재임을 알게 되고 돌아보는 계기가 되는 것이며 그러한 계기가 우리 인간을 보호해 주실 신(하나님)을 찾게 되고 궁금하게 됨과 동시에 "기우제(가뭄)"를 비롯한 "기청제(홍수)"와 같은 제사와 희생 제물을 드릴 신(하나님)을 모시며 섬기기 시작했으니 그 시점이 바로 "창조론(창세기)"을 기록하신 때와 겹치고 있는 것은 인연인 듯 우연 아닌 필연 같은 하나님과 우리 인간의 관계이며 더 나아가서 인간이 이 세상에 생육·번성·충만·창대하게 되면서 비(물), 불, 빛, 공기, 구름 등등과 같은 만물을 통한 거기에 깃들어 있는 이치(섭리,진리,원리)는 물론이거와 모든 피조물 역시 사람의 손(정복,다스림)에 맡기신다고 하신 하나님의 뜻은 지금의 이러한 나약하고 무기력하며 부족하고 부끄러운 불완전하여 미완성된 모습의 "첫 사람 아담, 첫 사람 노아"를 말하고자 하심이 아니니 이런 모습을 하고서야 어떤 주인(창조주 하나님)이 어찌 만물을 비롯한 피조물들을 온전히 정복하고 다스리라고 믿고 맡겨주실 수 있을까?

정리해 보자면 한 가닥 욕심이 없는 사람이 어디에 있을까마는 적절하게 절제하거나 제어하거나 다스리지 못하여 욕심과 욕망을 지나치게 품으며 탐심과 탐욕을 과하게 취하게 되면 창조주 하나님이 사람 지으심의 참된 취지나 본질을 완전히 망각하게 되므로 한 시대와 세대가 통째로 멸망하고 패망하는 재앙에 노출되기 때문에 노아의 시대 역시 처음에는 하나님과 동행하는 의인(의로운 행실대로 행하는 자)이었던 완전한 자(창세기 6장9절)로서 순전하고 신실하며 정직했을지는 모르지만 농사로 지었던 포도주 곧 독주(毒酒)였던 탐심과 욕심의 들포도주(이사야서 5장4~5절)에 취해 아담과 마찬가지로 그만 벌거벗어 사람의 부끄럽고 수치스러운 치욕(창세기 9장20~23절)를 드러내게 되었으며 또한 사람의 욕심은 정말 끝이 없어서 노아의 아들들인 셈(셈족), 함(함족), 야벳(야벳족)을 통하여 많은 민족과 족속을 이루고 또 나라(국가)를 세워 열국(여러 국가)으로 나뉘게 될 정도로 창대함을 이루었으나 그것으로는 부족하고 모자랐었는지 신(하나님)의 영역인 하늘까지 높아지고자 하는 자긍하고 자만하며 교만한 마음이 결국 "바벨성(바벨탑)"을 쌓고 건축하기에 이르렀으니 이것이 "바벨론의 시초"이며 이렇듯 인간이 똘똘 뭉쳐서 스스로 초래하고 자초한 재앙을 인하여 홍수로 쓸어버리시듯 또 뿔뿔이 흩어짐을 당함(창세기 11장 1~9절)으로써 그렇게 또 1,000년 동안 이어져 온 노아의 시대는 지는 해(천지)처럼 사라지게 되는 것이며 중요한 것은 21세기 오늘날에도 생명은 없지만 생명이 있는 존재인 것처럼 신(하나님)의 영역인 사람의 손으로 만든 인공 지능 사람(인형,로봇)이 바벨성(바벨탑)과 동일한 궤를 하고 있다는 점에서 거울과 경계와 생명의 교훈으로 삼아야 할 강력한 이유이니 사람의 눈으로 드러나 보이는 어떤 치적(공적,업적)을 통하여 비추어진 놀라운 번창과 번영, 발전과 진화(進化)를 이룬 것은 확실하지만 그 이면에 보이지 않는 하나님께서 사람 지으심의 취지나 목적의 차원으로 보았을 때는 결과론적으로 온전하고 완전한 사람으로 진화(進化)해야 할 모습으로 더욱더 나아가는 것이 아니라 불완전하고 미완성된 퇴화, 퇴보, 도태하는 재앙과 저주의 민낯을 보게 되기 때문에 "진화가 아닌 퇴행"이라 표현할 수밖에 없으니 그런즉 언제까지 주야장천 이러한 재앙과 저주가 공존하던 한 세대가 가고 또다시 재앙과 저주를 마주하는 다른 한 세대가 오는 쳇바퀴 지옥만을 반복할 수는 없는 노릇이므로 창조론(창세기)을 비롯한 요한계시록에 이르기까지 성경책(66권)에서 알리고자 하시는 한결같은 핵심은 끝을 모르는 탐심과 욕심을 반드시 버리고 비우고 죽여야만이, 죄와 악독을 절제하고 제어하고 다스려야만이 다가올 미래 곧 내세(來世)의 유쾌하고 좋은 날에 관하여 "다 이루었도다.(계시록 21장 6절)" 하는 말을 표현할 수 있는 완전한 날을 기약(약속,맹세)할 수 있게 되고 또 이 말 한마디 말씀 속에는 시작은 비록 불완전하고 미완성된 존재로서의 미약(욥기서 8장 7절)하기 짝이 없는 존재이기도 하지만 분명 온전하고 완전한 생육, 번성, 충만, 창대함이 있게 되며 그런 연후에야 다른 모든 피조물을 제대로 똑바로 정복하고 다스리는 끝(로마서 9장 28절)이 오는 아름다운 마지막(마무리)이 있음을 미쁘신(믿음직한) 하나님께서 약속(예언,언약)하신 것이 "완벽한 진화론의 참뜻"이라는 것을 잊지 마셨으면 한다.

## (9) 아담과 노아, 모세로 투영해 보는 완벽한 진화론

　아담의 시대와 그 후손들이 되었건, 노아의 세대와 그 후예가 되었건 그때 그 시대의 세상만사와 21세기의 지금이나 사람 살아가는 모습이 어쩌면 그리 다 똑같은지 그러한 사람 살아가는 일상다반사의 역사를 굳이 창조론(창세기)에서 기록하고 있는 이유와 목적은 무엇일까?

　결론은 창조론(창세기)뿐만 아니라 다른 성경책들(66권)을 통하여서도 마찬가지이지만 사람 개개인 스스로가 거울처럼 자기 자신을 비추어서 투영하여 들여다봄으로써 입(말)과 몸(행실)에 묻어있는 추하고 부끄럽고 못난 것들을 깨끗하게 씻고 닦아서 21세기를 살아가고 있는 우리 인간이 완벽한 진화론에 도달하기 위하여 걸어가야 할 길과 나아가야 할 문(門)을 분명하고 제대로 찾게 해 주고자 하심이 그 뜻(취지,목적)이므로 그렇다면 거울처럼 들여다볼 것은 무엇이며 이를 통하여 앞으로 무엇을 어떻게 해야 하는가? 하는 것이 발등에 떨어진 불이기 때문에 먼저는 그때 그 시대와 21세기를 살아가는 이 세대의 세상만사 현실들과 비교해 보아야 하리니….

　첨단 과학, 의학의 발달은 물론이며 고밀도의 문명, 문화의 발전을 이루었고 또 아주 많이 높아진 의식 수준과 고순도의 기술이 결합한 기능적인 물건들이 넘쳐나는 절정에 달해있는 21세기에 우리들은 시대를 아주 잘 만나서 이 모든 것을 보고 듣고 알고 만지며 느끼고 만끽하고 누리면서 살아가고 있는 이러한 참 좋은 세상에 그저 감사할 따름이니 그런데 이제는 행복에 겨운 지금 이 시대에서 도대체 무엇이 부족하고 무엇을 더 채울 것이 남아서, 아직도 어떤 것이 그리 허전하고 공허하게 만들어서 여전히 이해할 수 없는 괴물 같고 야만인 같으며 짐승 같은 일들은 변함없이 일어나고 곳곳에서 벌어지고 있는 것일까? 또한 인간의 똑똑하고 노련한 그 좋은 머리로 시간불문, 장소불문, 이유불문하고서 쟁취하고 착취하려는 소유욕, 집착욕이 잔머리를 굴리게 만들며 악한 꾀를 내게 만들어 이기적이고 자기중심적인 욕심·욕망·욕구를 밑 빠진 독(항아리)에 물 붓기 식으로 들이부으면서 채우려 하고 소비·낭비·허비하기에 24시간이 모자라기도 하며 그리고 한계가 없이 끝을 모르는 이러한 탐심·욕심이 인간의 가장 밑바닥에 있는 강퍅하고 얄팍하며 완악하고 비열한 마음이 꿈틀대고 있다가 어느 순간 팍 치고 올라와서 그러한 악독한 마음(영혼,심령,정신)이 조정하는 대로 말과 행동으로 불평·미움·원망, 비방·훼방, 보복·복수하는 것에 혈안이 된 테러와 전쟁들이 지금 이 순간에도 어딘가에서는 일어나고 있으니 이것이 인간의 어두운 민낯이요 암울한 현주소요 절망스러운 인간사이며 그러니 이러한 일들을 시대 시대마다 제대로 통제(절제,제어,다스림)할 수 있었을까?

그래서 또 시점에서 생각해 보아야 할 것은 어떤 종교의 어떤 신(神)이 되었건 다 마찬가지이지만 특별히 창조주이신 하나님을 "아버지 하나님(부모님)"이라 부르면 그 지으심을 받은 피조물들은 자식(자녀)이 되기 때문에 어떤 부모가, 어떤 신(神)이 서로 아웅다웅, 티격태격 죽기 살기로 싸우며 짓밟아 버리고 피(보복, 복수) 터지게 전쟁하면서 결국은 서로가 다 멸망하고 패망하고 사망하는 재앙을 만나 낭떠러지로 떨어질 것이 뻔한데 그러한 나락으로 떨어지길 바라실까? 이는 그 지어주신 부모(아버지 하나님) 앞에, 의지하는 신(神) 앞에 다 헛되고 헛된(전도서 2장15~26절) 짓(일)이며 부질없는 불효요 죄악이며 무엇보다 부모도 근본도 뿌리도 모르는 것과 같은 "후레자식(예레미야 2장13~14절)"이며 목숨같이 여기고 있는 탐심과 욕심, 체면과 자존심을 사수하기 위해서라면 이성 없는 짐승(유다서 1장10절)같이 물고 뜯는 본능에 기대어 여전히 살아가고 있는 것을 보고 있으니 우리 인간은 시간(세월)만 흘렀을 뿐, 공간(장소)만 바뀌었을 뿐 그때나 지금이나, 거기나 여기나 어쩌면 그리 한결같아서 6,000년 전에 있었던 그 아담의 후손들이 분명하고 가인의 후예들이 확실하며 이런 상태로 6,000년 아니 30만 년을 지나왔고 오늘날 21세기의 우리들의 모습에까지 이른 것이므로 하나님께서 과연 이러한 인간의 창조를 원하셨을까? 이러한 인간의 생육, 번성, 충만하게 되는 것을 기대하셨을까?

 거듭 말씀드리지만 이렇게 못나고 부족하며 부끄럽고 불완전한 인간의 모습으로는 말 못 하는 모든 피조물을 제대로 정복하거나 똑바로 다스리기란 사실상 불가능하며 또한 이러한 나약하고 점(죄) 많고 흠(악독) 많은 미완성된 상태에서의 진화론은 결국 "자연선택이 아닌 인재(人災) 선택"이라고 밖에 표현할 수 없으니 서로가 서로에게 멸망과 패망과 사망을 안겨다 주면서 너(모든 생명체) 죽고 나(인간) 죽고 다 패망하는 민폐만 끼치는 퇴화, 퇴보, 도태이며 그뿐만 아니라 이로써 멸망과 패망과 사망을 넘어선 멸종까지도 초래하며 부추기고 있음을 정말 모르고 있는 것일까?

 그런즉 첫 사람 아담의 모습 뒤에 겹쳐져서 감춰져 있었던 진정한 오실(드러나고 나타날) 자 곧 "둘째 사람 마지막 아담(고린도전서 15장45~49절)"에 관하여 알리고자 전하고자 하신 것이 "창조론(창세기)"이고 이러한 "창조론(창세기)"을 뒷받침하여 부연 설명을 해주고 있는 말씀들이 바로 성경책(66권)이기 때문에 결말(종말)을 처음(창세기)부터 일러 주셨고 아직 이루지 아니한 온전하고 완전한 일들 곧 완벽한 진화론을 옛적(창조론)부터 기록해 주신 것이므로 성경책 맨 마지막에 있는 요한계시록 뒤에 "창조론(창세기)"을 두는 것이 옳다고 표현한 것임을 염두에 두셨으면 한다.

그러니 하나님께 감사해야 하고 기뻐해야 할 중요한 일은 6,000년 전에 마침내 의(옳은 행실)와 선(좋은 마음)이 무엇인지, 죄(사나운 행실)와 악(독한 마음)이 무엇인지를 아는 개념 즉 "선한 양심의 법"을 깨달아 알게 하는 시대(사도행전 17장30~31절)를 열어주셨기 때문에 그 이전 시대의 인지하지 못하고 자각하지 못했던 죄와 악독에 대하여는 하나님께서도 묻지 않겠다고 하셨으니 이제는 우리 인간의 생기(살아가게 하는 힘)가 되는 "사랑(요한일서 4장16절)"을 심령(스가랴서 12장1절)에 심어 지어주셨고 이로써 생령(살아있는 영혼)이 된 최초의 사람 "아담(불특정 다수의 모든 사람)"을 드러내 주셨으며 그 시점이 6,000년 전이었다는 것은 인연과 운명이 합쳐진 필연이라는 측면에서 무한 감사해야 할 일이며 또한 아담의 시대를 지나 1,000년 후에 노아의 시대, 노아의 시대를 지나 또 1,000년 후에 아브라함의 시대, 아브라함의 시대를 지나 또 1,000년 후 즉 BC 3000년경 모세의 시대에 와서야 비로소 문서화, 법제화, 규모화한 증서(證書)로서의 "율법과 율법의 핵심인 십계명(출애굽기 20장,신명기 5장)"을 주신 것은 그저 사람의 입에서 입으로 전해 내려오던 설화(說話)

나 신화(神話)가 아닌 실화(實話) 곧 틀림없는 사실이라는 차원에서 계명대로 지켜 행할 줄 아는 모든 자에게는 아브라함과 하나님께서 미리 약속해 주셨던 "가나안(생명,안식,구원)"에 관한 영원한 언약(창세기 17장8~9절)을 반드시 "이루어 주시겠다.(요한계시록 21장6절)"라고 하시는 하나님의 의지와 계획이 담긴 확실한 믿음(디모데후서 3장14~17절) 안에 있을 수 있기에 항상 기뻐해야 할 일이니 이것이야말로 "창조론의 변이를 통한 적자생존, 자연선택으로 얻어진 완벽한 진화론"이라 할 수 있으며 그러나 아담(호세아 6장6~7절)처럼 탐심을 인하여 패역(悖逆)을 행하게 되거나 또 아담의 아들 가인(요한일서 3장12절,15절)같이 체면과 자존심을 인하여 악독함을 행하게 되거나 노아 시대의 그 세대 사람들의 죄악을 먹고 마시며 선한 양심의 법에 순종하지 않았던(베드로전서 3장20~21절) 것처럼 그러한 자들의 후손, 후예, 자손들이 이제는 문서화, 법제화, 규모화된 "십계명"이 버젓이 있음에도 불구하고 아직도 여전히 죄대로 악독대로 패역(悖逆)을 행한다면 제아무리 살아있는 영혼인 생령(生靈)이라 할지라도 반드시 그 범죄한 영혼은 죽게(에스겔서 18장20절) 되므로 그 영혼을 지키고 보호하던 집(몸,육신,신체) 역시 질병으로든, 사고로든, 재해로든 재앙에 노출이 되어 쇠하여 죽고 썩는 폐가(廢家)를 면하기 어려우리니 이것이 완벽한 진화론을 가로막고 있어서 퇴화, 퇴보, 도태를 거쳐 결국 멸망하고 패망하며 파멸하는 멸종으로 가는 길이었다는 것을 이해하셨으면 한다.

그렇다면 무엇보다 "율법의 핵심인 십계명"에는 무엇이 들어있고 어떤 내용들이 담겨 있을까? 그런데 의외로 아주 간단하고 명료하여서 "죄악(살인,간음,거짓말,도적질,탐심)은 행하지 말라." 하시는 것과 "선의(거룩,경건,공경,겸손,사랑)를 행하라." 하시는 것이니 그 근본 바탕은 어디까지나 도의적이고 윤리적이고 도덕적인 선한 양심에 호소하는 "선한 양심의 법"에서 비롯된 것이며 하지만 뭐든지 시작하는 한 번이 어렵지 습관적으로 행하려고 자꾸 노력하게 되면 어느새 자연스럽게 자동적으로 말과 행동으로 나오게 되며 그런데 그것이 죄되고 악독한 것이라면 그 상습적인 반복이 그 선한 양심의 감각까지 둔해지고 무뎌지고 무감각하게 만들어서 소시오패스처럼 가책 없이, 거침없이, 거리낌 없이 행하게 되며 나중에는 도(道)를 넘어선 사람을 죽이고(살인,살인방조,마녀사냥,과실치사 등등) 때리고(언어폭력,성폭력,왕따,특수폭행 등등) 등쳐 먹는(사기,협박,조작 등등) 악랄하고 흉악한 범죄에까지 이르게 되기 때문에 미워하고 원망하고 불평하고 분노하며 비방하고 훼방(보복,복수)하고 함부로 하고 짓밟아 버리는 죄와 악을 아주 사소하고 가볍게 여기는 잘못이나 실수쯤으로 여겨서는 절대로 안 되니 그런데 문제는 이러한 죄와 악독은 누구를 막론하고 마음 한구석엔 다 자리를 잡고 있기에 그러한 마음의 모습(자세,태도)이 있는 상태에서 포교(널리 알리고 퍼트림)의 명분과 하나님의 일을 한다는 명목으로 하나님과 그리스도의 이름(간판)을 내세우게 되면 이는 오히려 사람을 포획(사냥)하는 것과 같으며 포획하기 위한 가스라이팅이나 그루밍을 통하여 사람의 마음을 훔치는 도적질(강도,절도)과 같아서 "십계명에 도적질하지 말라." 하신 뜻을 배반(배도,배신)하는 것이니 이러한 모든 죄악의 중심에 있는 패역과 악독을 가능하게 하였던 것은 바로 보암직한 안목의 정욕, 먹음직한 육체의 정욕, 지혜로울 만큼 탐스러운 이생의 자랑(요한일서 2장16~17절)을 성취하고자 쟁취하고자 하는 우리 인간의 "탐심과 욕심"이었으므로 이러한 것들을 "하지 말라, 하지 말라." 하셨던 것이며 이 시험(신명기서 8장1~2절)에서 반드시 통과해야만이 완벽한 진화론 즉 무한한 생명 안으로 들어가게 되며 또한 이러한 "땅(세상)에 속한 형체(고린도전서 15장40절)"에서 벗어나고 부패(흙)로 돌아가는 나락에서 빠져나와 감사와 행복과 기쁨과 즐거움만이 있는 안식으로 나아가게 되고 건짐을 받는 구원에 이를 수 있게 되리니 이것이 불완전하고 미완성된 첫 사람 아담에서 벗어나 완전하고 완성된 둘째 사람 마지막 아담이 되는 길이요 완벽한 진화론에 부합한 온전한 사람(야고보서 3장2절)이라는 것을 기억하셨으면 한다.

그러므로 모르면 몰랐을까 이제 알았다면, 깨달았다면 나쁘고 못된 짓(죄와 악독)은 더는 행하지 않으면 될 일이고 다시는 하지 않으면 그뿐이며 다만 선하고 의로운 것들만 지켜 행하면 될 일이지만 우리 인간의 목숨같이 여기는 체면과 자존심, 포기할 수 없는 탐심과 욕심에 가로막혀서 하나님의 계명대로 지켜 행하지 못하였던 흑역사를 기록하고 있는 아담의 시대(로마서 5장13~14절)와 노아의 시대를 알려주기 위하여 모세와는 아무런 연관성이 없었던 창조론(창세기)을 모세 오경(창세기,출애굽기,레위기,민수기,신명기)에 포함하여 기록해 주신 것이기 때문에 그것이 죄인 줄, 악독인 줄 이성적으로 알기만 하고 가슴으로는 돌이켜서 고쳐 행하지를 못한다면 그게 다 무슨 소용이 있으며 또 역사적인 지식으로, 교과서적인 이론으로 부지런히 가르치고 배우기만 하면 무슨 유익이 있을까? 인간이 인간일 수 있는 것은, 사람이 사람다울 수 있는 것은 그래 뭐 사람은 실수나 잘못을 누구나 한두 번쯤은 할 수는 있지만 같은 실수나 허물이나 잘못, 혐의나 오류나 죄와 악독을 시대 시대마다, 한 세대가 가고 또 한 세대로 왔는데도 아직도 계속하여 반복하여 행하고 있고 우리 역시 거기에 동참하고 있다면 이는 실수가 아니라 "원래 인간은 그런 존재야!!"라고 낙인(빨간 줄)찍힐 수밖에 없으므로 이러한 부족하고 취약하며 불완전하고 미완성된 인간의 모습으로는 결단코 "마지막 남은 완벽한 진화론"으로 나아갈 수 없으니 "천지 창조의 본질이며 인간다운 인간, 완전한 인간으로서의 진화(進化) 즉 마지막 아담, 둘째 사람"을 이루시기 위하여 "창조론(창세기)"을 기록해 주신 만큼 "최상위 최고의 포식자 인간"이라는 혜택(특혜,특권)을 이용하여 욕심껏 독식하면서 마음껏 즐기기만 하는 남용, 거침없이 만끽하기만 하는 오용, 오롯이 누리기만 하는 과용은 불 보듯 뻔한 완벽한 퇴화, 퇴보, 도태 즉 지구상의 인간을 비롯한 모든 생명체의 멸망을 넘어선 멸종만을 부추기는 형국이 된다는 것을 잊지 마셨으면 한다.

## (10) 사람의 손이 아닌 하나님의 손으로라야 가능

　창조주 하나님께서 우리 인간을 비롯한 세상에 존재하는 모든 생명체 곧 피조물들을 만들어서 창조하실 때(창세기 2장7절)에 먼저는 흙(무기물)으로 몸(신체,육신)을 지으신 유기물 생명체로 만드셨고 또 그러한 유기물 생명체에 하나님의 무한한 생명의 기운 즉 생기(살아있게 하는 힘)를 불어넣기 위하여 주신 "사랑(요한일서 4장16절)"을 심으셔서 "생령(살아있는 영혼)"이 되도록 만드신 이 두 가지가 합쳐진 의미이며 그런즉 이 세상에 부모 없이 태어나는 자식(자녀,새끼)이 어디에 있을까?

　우리 인간이 되었건, 다른 모든 피조물이 되었건 "사랑의 산물(産物)이요 열매가 자식(자녀,새끼)"이라는 것이 바로 그 증거이며 거꾸로 그렇게 거슬러 저 끝까지 올라가 사랑으로 맺어진 그 연결고리의 기원을 찾아가 보면 그 부모의 부모의 부모의 부모의 또 그 부모의 시작은 과연 누구이며 누가 낳아주시고 만들어 주셨을까? 결국 흙(무기물)에서 난 모든 생물 생명체의 기원 즉 그 뿌리는 "창조주 하나님"일 수밖에 없고 "사랑 그 자체이신 창조주 하나님(요한일서 4장16절)"만이 남아 계시다는 것을 깨닫게 되며 그것이 천하 만물의 이치(섭리,원리,진리 등등)라는 것 역시 창조주 하나님께서 만드신 가장 으뜸이 되는 "생명의 가치"이시니….

　그런데 반전(反轉)으로 내 가족, 내 식구, 내 새끼만 사랑하면서 내 새끼를 먹여 살리기 위해 본능적으로 남의 새끼를 잡아 죽이는 짐승처럼 우리 인간 역시 그렇게 상대방에게는 색안경(선입견,편견)을 끼고서 인색하고 야비하며 이기적이고 자기중심적으로 변하여서 무자비하고 잔인하게 대한다면 "그게 사람이야?" 하듯이 하나님께서는 우리 인간의 심령(마음,영혼,정신)을 그렇게 창조하지 않으셨기 때문에 다른 피조물들과는 조금 더 다르고 특별하게 부여하신 능력이 있다면 서로 이해하고 존중하고 배려하고 양보할 줄 아는 "사랑", 서로에게 겸손하여 긍휼히 여기면서 희생(참아 기다려 줌,감내,감당)해 줄 줄 아는 "어진 마음의 선(좋은 마음)과 의(옳은 행실)"를 개념으로 인지하고 자각하게 하여 정립, 확립시켜서 내 자식(자녀,새끼)에게만 사랑을 베푸는 것이 아니라 함께 더불어 살아가는 주변(친척,친구,동료,지인,이웃 등등) 사람들에게도 마치 내 부모처럼, 내 자식처럼, 내 형제·자매·남매처럼, 내 몸과 같이 사랑(레위기 19장16~18절,34절)할 줄 아는 "선한 양심(도의적,윤리적,도덕적)의 법"도 심어주셨는데 그 시기가 바로 6,000년 전의 "아담(불특정 다수의 모든 사람)"이었다는 것이 창조론(창세기)에서의 본질적인 의미가 되겠으며 이를 창조주 하나님께서 비로소 드러내고 나타내셔서 땅(세상)에 내리신 "하늘의 빛(창세기 1장3절,요한복음 1장1~5절)이요 내리는 비(신명기 32장1~2)"라 표현하신 것이니 무한한 생명 그 자체가 하나님(요한일서 1장1~2절)이시듯, 사랑 그 자체가 하나님(요한일서 4장16절)이시듯, 빛(이치,섭리) 그 자체도, 비(진리,원리) 그 자체도 하나님(요한일서 1장5~7절)이기 때문에 "사람이 떡(육신을 살리는 양식)으로만 살 것이 아니요 하나님의 입에서 나오는 영혼을 살리는 양식의 말씀(요한복음 6장63절)으로 살 것이라.(마태복음 4장4절)" 하신 부모님(야고보서 1장18절)으로서의 하나님께서 우리 인간에게 요구하시는 뜻이므로 이는 육안(肉眼)으로 보이는 것들만 결코 전부가 아니라 눈에 보이지 않는 상대방 사람의 마음을 "선한 양심의 법"으로 읽을(이해할) 줄 알고도 볼(존중할) 줄도 아는 혜안(慧眼)을 주셨다는 의미이며 또한 서로를 널리 이롭게 하는 "이타심(빌립보서 2장3~5절)"으로 살아가게 하기 위하심이기 때문에 모르긴 몰라도 이러한 마음의 일들이 멸종을 당하였던 그 어떤 고대 인류들보다도 현 인류가 지금까지도 살아남아 생육하고 번성하며 충만하여 창대하게 해 준 월등히 뛰어난 재능일 것이며 그러니 멸망하여 멸종한 고대 인류들은 현 인류의 거울과 같아서 이 "선한 양심의 법"이야말로 다른 고대 인류들처럼 멸종하지 않을 유일한 방법이요 대안임을 염두에 두셨으면 한다.

그런데 이러한 우리 인간에게 크나큰 발목을 잡는 맹점 하나가 있었으니 거듭 말씀드리지만 30만 년 동안 현 인류(호모사피엔스)가 출현한 이래로 생존 경쟁(먹이다툼,땅싸움) 앞에서 어찌하든지 살아남기 위하여 이미 이성 없는 짐승처럼, 아무 생각(공허함)이 없는 로봇처럼 서슬 퍼런 이빨을 보이면서 서로 치고받고 물고 뜯으며 짓밟아 버리고 피(보복,복수) 터지는 전쟁 같은 "죄악의 사상과 죄악의 행실(이사야 59장6~7절)"대로 행하면서 살아왔었기 때문에 그러한 삶의 습관과 일상의 루틴이었던 시대에서 드디어 약 6,000년 전에서야 "아담(불특정 다수의 모든 사람)에게 마음에 심긴 도(선한 양심의 법)"를 주셨을지라도 이랬다저랬다, 왔다갔다, 오락가락하는 마음의 전쟁과 딜레마(로마서 7장21~23절)에 빠져서 마음이 항상 혼돈(예레미야 4장22~25절)스럽고 한편으로는 또 공허하며 정신적으로 복잡미묘, 번민, 고뇌가 분명히 있었으리라.

다시 말해서 세상에는 보암직(안목의 정욕)하고 먹음직(육체의 정욕)

스러우며 지혜롭게 할 만큼 탐스럽고 욕심나는 이생의 자랑들(요한일서 2장15~17절)이 얼마나 차고 넘쳐나는가? 그런데 창조주 하나님께서는 그러한 것들을 보지도 말고 만지지도 말고 붙잡지도 말라(창세기 2장17절, 골로새서 2장21~22절)고 하시면서 오히려 절제(고린도전서 9장25절)하고 제어(베드로전서 2장11절)하고 다스리기(창세기 4장17절)를 요구(신명기 10장12~13절)하시니 어쩌면 청개구리 심보가 불쑥불쑥 튀어나오는 것은 당연한 일일 것이며 또한 이러한 탐심과 욕심의 유혹은 우리 인간으로 하여금 때로는 고삐 풀린 개망나니가 되게도 하고 착취하고 쟁취하려는 집착을 인하여 교활하고 음흉한 능구렁이가 되게 하기도 하며 또 때로는 상대방에 해(害)를 끼칠 목적으로 양의 탈을 쓴 늑대처럼 사나운 짐승(인면수심)보다 더한 괴물이 되어버리기도 하기 때문에 결국엔 이러한 우리 인간의 악독하고 악랄한 마음의 전쟁과 스트레스가 노쇠하도록, 사망하도록, 부패(흙)로 돌아가도록 하므로 그 취하였던 흙(자연)으로 다시 돌아가는 멸망과 패망과 사망의 재앙을 스스로 초래(이사야서 3장8~9절)한 것이라 표현하는 것이며 이제는 멸종을 향해 멈추지 않고 달려가고 있는 폭주 기관차가 되어서 노아 시대의 홍수처럼 아무런 잘못도 죄도 없는 다른 피조물들까지도 그들의 의지와는 상관없이 멸종의 폭주 기관차에 싣고 달리는 민폐를 끼치고 있으니 그 죄와 허물 역시 결코 가볍다고 말할 수는 없음을 이해하셨으면 한다.

　그러므로 우리 인간의 손으로 만들고 창조하여 일궈낸 고도의 문명과 문화의 발달, 첨단 의학·과학·건축의 발전을 통한 삶의 질은 정말 윤택해지고 살만해지고 편리해져서 최상위 포식자로서의 위엄과 품위는 얻었을지는 모르나 역설적으로 그 한 가닥 욕심 때문에, 그 한 가락 하는 사나은 심성 때문에 생존 경쟁에서 변이를 통한 적자생존과 자연선택에서의 최고의 수혜자가 되었을지언정 창조주 하나님의 손으로 지으신 사람의 마음에 심긴 선한 양심의 법을 교묘히 악용(오용,남용)하여 자신의 유익(입장,처지)을 위해서라면 쉽게 등져 버리고서 겸손한 척, 깨끗한 척하는 악한 꾀를 내며 이익(성공,쟁취)을 위해서라면 새까맣게 잊어버리고서 세상 착한 척, 너그러운 척하는 다중인격체로는 결국 제 발등을 찍는, 자기가 베푼 밥상이 올무(시편 69편22절)가 되는, 자기가 놓은 덫에 자기가 걸리는 멸망하고 패망하고 사망하는 재앙은 말할 것도 없거니와 이를 넘어선 인재(人災)에 의한 멸종만을 기다리게 된다는 것을 항상 잊지 말아야 하리니….

　우리 인간의 이러한 이기적이고 자기중심적인 이중, 다중인격을 인하여 결국 어떤 질병(노쇠,염증,암,바이러스,세균 등등) 하나도 끝까지 막아내지 못하는 나약한 존재로 남아있고 또 어떤 사고(전쟁,붕괴,압사,살인,추락,침몰,익사 등등) 하나도 제대로 피하지 못하는 취약한 존재가 되었으며 특히나 재해(홍수,지진,폭염,가뭄 등등) 앞에서는 맥도 못 추고서 무기력하게 개죽음을 당하기가 일쑤인 미약한 존재 즉 스스로 불완전하고 미완성된 존재로서의 길을 걸어가고 있는 우리에게 "네 마음을 다하며 목숨을 다하며 힘을 다하며 뜻을 다하여 주 너의 하나님을 사랑하고 네 이웃을 네 몸과 같이 사랑하라. 옳도다 이를 행하라. 그러면 살리라.(누가복음 10장25~28절)" 하신 창조주 하나님의 한결같으신 뜻이 곧 재앙 앞에 큰 희망이요 저주 앞에 밝은 빛이 되니 만족함이 없고 끝이 없는 우리 인간의 욕심·욕구·욕망, 탐욕·탐심·야욕을 인한 무분별한 남용·오용·과용과 필터 없는 과소비·낭비·허비를 인한 기후 온난화를 불러들여 아무런 잘못도 없는 말 못 하는 피조물들까지도 멸망시키는 대멸종을 눈앞에서 기다리는 신세로 만들었기 때문에 그 해답은 결국 이 세상 모든 만물, 피조물들을 지으신 창조주(하나님)의 손으로 지어진 창조 즉 "선한 양심의 법"으로라야 멸종이 없는, 멸종의 두려움에서 벗어나는 "완벽한 진화론"이 될 수 있으며 그런즉 우리 인간의 삶(생활)에 대한 뜨거운 열정(욕심,욕망,욕구) 덕분에 인공 지능(AI) 로봇의 막강한 도움을 받는 것도 사실이고 또 우주여행을 비롯한 달과 화성 탐사 로켓도 날아다니는 별천지 같은 진화를 이루어서 세상에서 살아가게 된 것도 복에 겨운 행운과 행복일 수도 있지만 하나만 보고 둘은 보지 못하는 우리 인간의 미친 열정을 인하여 어느 한쪽에서는 자연과 만물, 피조물들을 위협하는 대량살상무기(드론,미사일,미세 플라스틱 등등)가 되어 아이러니하게도 멸망하고 파멸하고 사망하는 멸종의 재앙과 저주를 불러들이면서 스스로 자초하여 퇴화, 퇴보, 도태되어 가고 있으니 이것이 사람의 손으로 만들고 창조하여 이룩한 진화(進化)의 한계점이며 여기에서 더는 한 발짝도 진화(進化)하기 어려운 임계점에 와 있기 때문에 이제는 하나님의 손으로 지어진 창조에 속한 진화(進化)만이 유일한 희망이요 그 희망의 빛이야말로 인간의 온전하고 완전한 진화(進化)로 안내할 수 있으며 그 정점에 "창조론(창세기)"이 있다는 것을 잊지 마셨으면 한다.

## (11) 완성된 사랑과 완벽한 진화론의 상관관계

　　BC 4000년경 즉 지금으로부터 약 6,000년 전 마침내 창조주 하나님 께서는 "아담(불특정 다수의 사람)"에게 말 못 하는 피조물들과는 다른 아주 각별하고도 특별하며 엄청난 생명의 기운이 되고 생명의 빛이 되는 "생기(生氣)"를 선물로 주셨으니 바로 "서로 아껴주고 이해해 주고 존중 해주는 사랑(요한일서 4장16절)"이 그것이며 그런데 "사랑"이 없는 사람이 있을까? 창조주 하나님께서 요구하시는 "사랑"은 "온전한 사랑" 즉 밉고 마음에 안 들어도 미워하거나 비방하지 않으면서 이해하고 존중해 줄 수 있는 "사랑", 못마땅하고 언짢아도 함부로 하거나 짓밟아 버리지 않고 배려하고 양보해 줄 수 있는 사랑 등등 이러한 것을 원하시는 것이니 그러한 "생기(生氣)"가 있고 없고에 따라서 우리 인간은 바다의 모래와 같이 별 볼 일 없는 그냥 그저 그런 사람이었던 존재에서 업그레이드된 "아담(창세기 2장19절,5장2절)"이라고 하는 이름을 얻음과 동시에 살아있는 영혼(정신,심령,마음) 즉 생령(生靈)을 가진 숭고하고 고귀한 존재가 될 수 있었으며 중요한 것은 그 생령이 생령일 수 있게 만들어 주는, 사람을 사람답게 만드는 아주 핵심적인 물질이 바로 "사랑(이해,존중,배려,양보,금휼,인내 등등)에서 비롯된 선한 양심과 그 행실"이므로 "모성애(母性愛)는 기적을 만든다."라는 말이 그냥 나온 말이 아니니 그것이 "자식(자녀)

을 향한 엄마의 힘, 엄마를 살아가게 하는 힘"이며 그러나 그러한 "내리사랑"만이 사랑이 아니라 그렇다면 자기 새끼를 굶기지 않으려고 남의 새끼를 잡아먹는 이성 없는 짐승과 무엇이 달라서 각별하며 특별하다고 말할 수 있을까? "수평적인 사랑" 즉 서로가 서로에게 공평하고 공정하며 평등하고 동등하여 자식(자녀)에게 사랑을 베풀듯 상대방에게도 이해하고 존중하고 배려하고 양보하는 사랑을 베풀며 또 사람이 사람에게 의(옳은 행실)롭고 선(좋은 마음)한 마음을 갖고서 자식(자녀)을 대하듯 다른 사람에게도 겸손하여 긍휼한 마음(야고보서 3장17~18절)으로 인내(참아 기다려 줌,감내,감당)해 줄 줄 아는 것이 바로 보이지 않는 창조주 하나님의 모양과 형상(창세기 5장1절)인 신의 성품이며 그 모양과 형상을 처음으로 인지하고 자각하게 하여 생각(이성,지성)에 정립시키고 확립시켰던 그 첫 사람, 처음 사람이 바로 "아담"이었다는 것을 염두에 두셨으면 한다.

이 시점에서 확실하게 분리해서 정리해야 할 것은 "육체적(몸,신체)인 사랑과 정신적(영혼,심령,마음)인 사랑"을 말할 때 "사랑"이라는 글자가 둘 다 붙으니까 다 똑같은 "사랑(고린도전서 13장1~7절)"으로 생각하는 경우가 많은데 "육체적(몸,신체)인 사랑"은 말 그대로 육체와 관련된 사랑 즉 짝짓기(교미,교배,섹스)를 비롯한 먹고 마시고 자고 싸고 일에 대한 의지(의욕), 놀며 즐거워하고 좋아하며 재미있어하는 일련의 모든 육체적인 활동(열의,열정)들을 의미하며 물론 육신(몸)이 먹고 살아야 하니까, 육체가 살아있으니까 이러한 활동들을 생활 속에서 안 할 수는 없지만 어떤 경계선(한계선)이 되는 기준이나 매뉴얼이 없다 보니까 고삐 풀린 망아지처럼 "쾌락, 향락, 유흥의 유혹"으로 빠져들기 쉽고 더 나아가 이러한 것들을 거리낌 없이 누리거나 만끽하고 싶은 욕심을 성취하고 쟁취하며 달성하고 실현하기 위하여 "탐심, 탐욕, 욕심의 정욕(이끌리는 욕구)"이라는 미친 마음(전도서 9장3절)을 품게 되며 그런데 이 미친 마음은 끝이 없고 끝을 모르기 때문에 "체면(체통)과 자존심(가오)"이라는 이름으로 탈바꿈을 하고서 없어도 있어 보이는 척, 적게 갖고 있어도 많이 가지고 있는 척하면서 이기적이고 자기중심적으로 변하여 다들 벼슬인 양, 주인인 양 상석(上席)에 앉아 내 뜻대로 내 마음대로 좌지우지 수족 부리듯이 칼자루를 휘두르려고 하다가 만약에 뜻대로 안 되면 그 원인을 자기 자신에게서 찾는 것이 아니라 남 탓을 하면서 미워하고 분노하며 또 마음에 안 들면 자기 자신에게서 그 이유를 분석하는 것이 아니라 상대방을 핑계 대면서 비방하고 훼방하며 또한 못마땅해지면 자기 자신을 돌이켜 살펴보는 것이 아니라 한강에서 화풀이하듯이 다른 사람에게 함부로 하고 갑질하는 해(害)를 입히고 민폐(民弊)를 끼치게 되니 그것을 죄(罪)요 악독(로마서 3장10~15절)이라 한다는 것을 이해하셨으면 한다.

더욱더 큰 낭패는 "탐심과 탐욕과 욕심의 정욕"이라고 하는 것이 하늘의 이치(섭리)조차도 거슬러서 부모도 못 알아보는 후레자식(자녀)으로도 만들며 자식도 못 알아보는 패륜 부모로도 만들게 되기 때문에 "탐심과 탐욕과 욕심의 정욕"을 좇게 되면 부모라고 하여 자식(자녀)에게 한없이 옳고 너그럽고 좋은 것만 가르쳐 주거나 본보기를 보이기만 하는 것이 아니며 자식(자녀)은 또 부모에게서 무조건 옳고 너그럽고 좋은 것만 보고 배운 것이 아니라 이기적이고 자기중심적인 다중인격체도 보고 배우게 되므로 그것이 우리가 그러하였고 우리의 부모가 그러하였고 우리의 부모의 부모가 그러하였고 또 그 부모의 부모가 그러하여서 현 인류가 출현한 30만 년 동안 대대손손 유전처럼 이러한 망령된 행실(베드로전서 1장18절)로 행하였던 모든 것들을 "육신을 위하는 육신의 생각(로마서 8장 4~7절)"이라 표현하시는 것이니 그래서 창조주 하나님께서는 "아담"을 통하여 "사랑에서 비롯된 선한 양심"을 지어 창조하심 곧 인지하고 자각하게 하며 또 정립시키고 확립시켜 주셨음과 동시에 "보암직(안목의 정욕)한 것들은 보지도 말고 먹음직(육체의 정욕)한 것들은 만지지도 말며 지혜롭게 할 만큼 탐스러운(이생의 자랑) 것들은 붙잡지도 말라.(창세기 3장 3절,요한일서 2장16절,골로새서 2장21~22절)" 하시는 상한선의 기준과 매뉴얼을 정해주셨기 때문에 육신의 생각은 흙(무기물)으로 만든 우리 인간의 육체(유기물 생명체)를 종신토록 피곤하게 수고하게 하며 그리고 그러한 수고의 고생은 어느덧 질병(염증,암,바이러스,세균 등등)에 걸리게도 하고 노쇠하여 죽음으로 이끌기도 하며 결국엔 부패(썩게)하게 만드는 부작용을 일으키며 또한 육신의 생각은 서로 돌아봐 주거나 살펴봐 주거나 들여다 봐주지 못하는 자기중심적인 이기심을 인하여 각종 사고(전쟁,교통,붕괴,압사,추락,침몰,익사 등등)로 개죽음을 당하는 오류를 범하게도 되며 거기에 더해서 뜻밖의 재해(홍수,지진,가뭄,기근,폭염 등등)까지 여기저기에서 도사리고 있어서 그러한 부작용들과 오류들과 재앙들이 쌓이고 겹쳐져서 우연인 듯 우연이 아닌 우연같이 멸망하고 패망하고 사망하는 일(질병,사고,재해)에 휘말리게 되어 다시 흙(창세기 3장17~19절)으로 돌아가는 악순환만 반복하게 되므로 "하지 말라, 하지 말라." 하셨던 것이고 "깨어 의를 행하고 죄를 짓지 말라.(고린도전서 15장34절)"라고 하신 것임을 기억하셨으면 한다.

 그런즉 "정신적(마음,영혼,심령)인 사랑"은 사람이 하는 일에 어찌 다

내 마음 같고 내 뜻대로 될까마는 뜻대로 안 되면 짜증도 나고 또 밉고 싫어지는 것은 당연하지만 마음에 안 들어도, 뜻대로 되지 않아도 불평, 불만, 미움, 원망스러운 자기 자신의 마음을 내세우거나 구하지(고린도전서 13장5절) 말고 오히려 상대방의 그 입장과 처지를 헤아려서 이해하고 존중하여 배려하고 양보할 줄 아는 것, 겸손한 마음으로 긍휼히 여겨서 참아 기다려주고 감내해 주고 감당하는 인내할 줄 아는 선(좋은 마음)과 의(옳은 행실)를 의미하기 때문에 알고도 당해주는 것과 모르고 당하는 것, 냉철하게 맺고 끊는 것과 질질 끌려다니는 것은 "명철함과 바보"의 차이가 거기에서 나오는 것이므로 스스로 조율할 줄 아는 것 역시 하나님의 하늘로부터 내려온 지혜(야고보서 3장17~18절)이며 훗날 이러한 "선한 양심의 법"을 비로소 문서화, 법제화, 규모화한 증서로 주신 것이 모세 때에 "율법의 핵심인 십계명"이고 이것이 6,000년 전에 창조주 하나님께서 우리 인간에게 부여해 주신 "영혼을 위한 영의 생각"이니 그러나 이 둘 즉 육신의 생각을 좇아가는 육체적 사랑, 영혼의 생각을 따라가는 정신적 사랑은 서로 원수(로마서 8장4~7절)가 되기 때문에 한 집에 두 주인(마태복음 6장24절)을 섬길 수 없듯, 한 우물에서 쓴물과 단물의 두 가지 물(야고보서 3장11~12절)이 나올 수 없듯, 한 몸에 두 마음을 품을 수 없는 지극히 평범한 이치(섭리)를 인하여 "차든지 더웁든지 하기를 원하노라.(요한계시록 3장15~16절)" 하신 이유이며 정말로 사람을 죽이고(연쇄살인,스토커살인,자살방조,과실치사 등등)고 때리고(언어폭력,가정폭력,성폭력,학대 등등) 등쳐 먹고자(사기,협박,조작 등등) 하는 새까맣고 흉악한 속내라고 한다면 철저하게 감추고서 얼마든지 착한 척, 겸손한 척, 깨끗한 척, 고상한 척하면서 간이고 쓸개고 다 빼 줄 것처럼 보이는 앞에서 꾸밀 수는 있다지만 그런 것이 아닌 대부분의 사람은 내 뜻대로 내 마음대로 하고 싶은 욕심이 있고서야 어찌 상대방을 이해하고 존중해 줄 수 있겠으며 좌지우지 수족 부리듯이 하고 싶은 탐욕이 있고서야 어찌 다른 사람에게 배려하고 양보할 수 있겠으며 칼자루를 휘두르고 싶은 탐심이 있고서야 남에게 어찌 긍휼히 여겨 인내하는 의(義)와 선(善)을 베풀 수 있겠는가?

그러므로 두 마음(육신의 생각,영의 생각) 중에서 하나의 마음은 반드시 버려야 하고 비워야 하고 죽여야 하며 그러기 위해서는 스스로 절제(고린도전서 9장25절)하고 제어(베드로전서 2장11절)하고 다스리는(창세기 4장5~7절) 노력과 수고를 반드시 해야 하며 이러한 노력과 수고는 우리 사람으로 물고 헐뜯고 치고받으며 짓밟아 버리고 피(보복,복수) 터지는 전쟁 같은 죄악(罪惡)에 시달리지 않게 해주며 또한 속 시끄럽지 않도록, 마음 편히 쉴 수 있도록 도와주기 때문에 그 마음이 저절로 편안하고 평안하며 평온한 평강(이사야서 48장17~18절)이 찾아오게 되니 그 평강을 누리는 행복감과 그러한 행복으로라야 오롯이 기쁘게 웃게 만들어 주고 또 감사하게 되며 그렇게 행복하고 감사하니까 그 마음이 잔잔해지고 부드러워지고 순해지는 선순환을 반복하게 되므로 탐심, 탐욕, 욕심의 정욕으로 말미암아 육신의 생각을 인한 사람의 숨통을 조여오던 조급한 조바심과 밀려오는 외로움, 두려움과 근심, 걱정, 염려까지도 사라지게 되리니 그때부터는 생명의 숨(싹)이 마음에서 자라나기 시작하기 때문에 쇠하거나 죽거나 썩는 사망(흙)의 몸(형체)에서 쇠하지 않고 죽지 않고 썩지 않는 신령한 몸으로 홀연히 변화(고린도전서 15장51~53절)하게 될 것에 관하여 기록해 주셨으며 이를 "생명이 사망을 삼켜 버렸다.(이사야서 25장8절,고린도전서 15장54절)"라고도 하며 "이 사망의 몸이 생명(하나님)을 옷처럼 덧입었다.(고린도후서 5장1~4절)"라고도 표현하시는 것이며 이것이 완성된 사랑의 모습, 완전한 사랑의 형상임을 이해하셨으면 한다.

그렇기 때문에 45억 년 전 이 지구상에 유기물 생명체가 존재하던 때부터 "육신을 사랑하고 위하는 육신의 생각"을 모든 피조물이 다 하고 있었으며 그러니 현 인류가 출현한 30만 년 전부터 누구나 다 있는 이 "육체적인 사랑의 산물인 열매(자식,자녀,새끼,아들)"만을 말하고자 하심이 아니라 육체는 잠깐 보이다가 없어지는 안개(야고보서 4장14절)와 같으므로 비로소 6,000년 전부터 "영혼을 사랑하고 위하는 영의 생각"을 할 줄 알게 되면서 정신적인 사랑의 결실인 열매(히브리서 2장10절) 곧 "하나님의 아들들"을 창조하고자 하신 그 첫 번째 사람이 "아담(불특정 다수의 사람)"이었다는 것이며 그러나 지금까지 단 한 번도 완성된 결실을 한 적이 없었고 완전한 열매를 얻은 적이 없었기 때문에 흠(욕심,죄,악독)이 있었던 그런 "아담"말고 이제는 어딘가에 있을 그들을 모아서(마태복음 24장31절) 얻게 될, 찾게(누가복음 19장10절) 될 둘째 사람(고린도전서 15장47절)을 "마지막 아담(고린도전서 15장45절)"이라 하신 것이며 그들을 "처음 익은 열매(로마서 8장23절,요한계시록 14장4절)"라 표현하시는 것이니 이것이 불완전하고 미완성된 "첫 번째 사람 첫 아담"을 표상(그림자)으로 오버랩되어 겹쳐져 있었던 오실(드러나고 나타날) 자의 참 형상인 "둘째 사람 마지막 아담"을 만들고자 하신 "창조론(창세기)"의 기록 목적이며 이러한 완전하고 완성된 사람들을 생육, 번성, 충만하게 하시며 또한 정복하여 말 못하는 유기물 생명체 곧 모든 피조물 역시 더는 허무한 데(사망) 굴복하지 않고 썩어짐에 종노릇하던 것에서 해방(로마서 8장19~21절)되게 하는 다스림을 받게 하려 하심(창세기 1장26~28절)이니….

정리하여 거듭 말씀드리지만 우리 인간의 탐심에 의한 과소비와 낭비와 허비와 사치가 되었건, 탐욕을 인한 무분별한 오용과 남용과 과용이 되었건, 욕심에 의한 거침없는 포획과 남획이 되었건 이유야 어떻든 결국 우리 인간이 어떻게 마음을 먹고 쓰느냐 하는 마음 씀씀이, 그 됨됨이에 영향을 받을 수밖에 없는 것이 말 못 하는 피조물들이기 때문에 지금까지 수억만 년, 수천만 년, 수백만 년 아니 그렇게 멀리까지 볼 것도 없이 현 인류가 출현한 30만 년 전을 기준으로 하여 시간과 세월을 지나오면서 수많은 변이를 거쳐서 적자생존과 자연선택을 통한 진화(進化)가 있었음은 결코 부정할 수 없는 "진화론의 이론"이며 그러나 이제는 지금까지의 이러한 진화론의 이론만으로는 분명 한계(일부분,초보)가 있고 거기까지가 끝이라는 한계치에 도달했으니 고대 인류들이 멸종한 이후 최상위 수혜자, 최고의 포식자가 된 현 인류의 출현과 또 생육하고 번성하며 충만하여 이 지구상에 80억 명이나 되는 창대함을 이루었고 또한 그 좋은 머리로 고차원의 문명, 문화 발전과 함께 사람의 손으로 만든 반자동, 전자동을 넘어선 인공 지능의 시대를 열었을 정도의 눈부시고 빛나는 진화(進化)까지 이루었으며 이렇게 시대가 많이 바뀐 만큼 우리 인간의 의식 역시 고차원으로 바뀌는 개혁(뜯어서 고침)해야 하리니⋯.

우리 인간의 한 몸에 계속하여 두 마음(육신의 생각,영의 생각)을 다 품고 있으면 결국 "제 살을 깎아먹기"식으로 말 못 하는 모든 피조물과 함께 다 같이 멸망하고 파멸하고 사망하는 대멸종의 퇴화, 퇴보, 도태를 양산하게 되어 반쪽짜리 진화(進化)에만 그치게 될 뿐이므로 이러려고 조물주 하나님께서 우리 인간을 비롯한 다른 피조물들을 창조하신 것이 아니기에 이러한 것들을 버리고 비우고 죽이는 방법을 알려주시며 절제하고 제어하고 다스리는 길을 보여주시려고 창조론(창세기)을 비롯한 성경책(66권)을 주신 것이니 멸망하고 패망하고 사망하게 하여 결국엔 대멸종으로 안내하려는 것이 아니라 우리 인간이 되었건 다른 피조물들이 되었건 함께 더불어서 항상 살게 하는 생명을 보존하게, 유지하게, 지속하게 하려 하심이 본질적인 "창조론(창세기)의 기록 취지"이며 그러한 창조주 하나님의 모양과 형상대로 지어진 사람과 그러한 사람의 손으로 만들어진 것이 "진화론"이 되어야 하기에 "창조론(창세기)"을 절대로 무시할 수 없고 오히려 궤(軌)를 같이할 때 "완벽한 진화론"이 된다는 것을 잊지 마셨으면 한다.

## (12) 율법의 완성을 이루어야 완벽한 진화론

"창조론(창세기)"을 비롯한 성경책(66권)은 "이스라엘의 역사책인가?" 하는 의심이 들어갈 정도로 창조주 하나님께서는 이스라엘 사람들을 선민(選民)으로 택하심을 기록하고 있고 또 이스라엘 민족의 역사 이야기로 성경책을 꽉 채우고 있으며 그러나 좀 더 자세히 들여다보면 선택의 이유(아모스서 3장2절)가 그들이 결코 잘나서도 아니요 이뻐서도 아니며 무슨 특혜가 있어서도 아닌 것은 오히려 이스라엘 민족의 굴욕적이고 수치스러운 적나라한 민낯과 이스라엘 사람들의 부끄럽고 누추한 흑역사들로 빼곡하게 채워 성경책에서 기록하고 있기 때문에 그 시작점이라고 할 수 있는 "아브라함"에 관하여 이야기해 보자면 창조주 하나님께서는 마치 "아담(불특정 다수의 사람)"을 지목하듯이 갈대아 우르에서 살고 있었던 "아브라함(느헤미야 9장7~8절)"이라는 한 사람을 지목하셨고 그러한 아브라함에게는 아들 이삭과 이스마엘이 있었으며 또한 이삭은 아들 에서와 야곱을 낳으면서 야곱으로부터 생육하고 번성하여 충만하게 된 그 민족의 이름을 "이스라엘(창세기 32장28절)"이라 이름하시고 선택하셨으니 창조주 하나님으로부터 선택을 받으면 다른 이방 민족과는 뭐가 달라도 남다르고 색다를 줄 알았는데 사랑(요한일서 4장6절) 그 자체이신 하나님께서 그 모양과 형상인 신의 성품대로 지으신 사람에게 처음부터 요구하셨던 것은 당연히 "사랑(요한이서 1장5절)에서 비롯된 선한 양심의 법"이지만 이를 저버리고 멀리 물러간 것은 다름 아닌 택하셨던 "이스라엘"이었고 그들이 아담(호세아 6장6~7절)처럼 패역(이사야 30장9절) 하였으며 아담의 아들 가인(요한일서 3장12,15절)같이 악독(이사야 59장3~8절)하기는 매한가지였으니 택함을 받았던 이스라엘 민족이나 택함이 없었던 이 세상 사람들(외인,이방인)이나 살아가는 세상만사, 일상다반사가 장소불문, 시대불문, 민족불문 어쩜 그리 한결같이 똑같을 수가 있는지 전쟁이 없었던 적이 있었던가? 질병이 없었던 적이 있었던가? 홍수나 지진이 없었던 적이 있었던가?

  결국엔 창조주 하나님의 택하심이 있고 없고가 중요한 것이 아니라, 하나님을 믿고 안 믿고의 문제가 아니라 이스라엘 민족을 통하여 "죄 아래(로마서 3장9~12절)에 아직도 머물러 있는가? 아니면 이제는 벗어났는가?"라는 질문을 던져서 우리 인간을 거울 앞에 세우고자 하심이요 거울처럼 들여다보게 하려 하심이 본질이기 때문에 이스라엘 사람들과 창조주 하나님과의 사이를 내어 벽처럼 가로막고 있는 것이 오직 "죄와 악독(이사야 59장1~2절)"이었다는 것을 이 세상 모든 사람이 알아서 깨닫게 하려 하심이니 그래서 "죄악의 사상, 죄악의 행실(이사야 59장6~7절)"을 인하여 자꾸만 각종 질병(염증,암,바이러스,세균 등등)으로 내몰리며 뜻밖의 사고(교통,붕괴,압사,추락,침몰,익사 등등)에 노출이 되어 개죽음을 당하는 파리 목숨 같은 재앙과 저주에 정조준(고린도전서 15장55~56절)당하고 있는 우리 인간을 건져내어 구원코자 하시는 것이며 그뿐만 아니라 한없이 무기력할 수밖에 없는 재해(전쟁,홍수,지진,가뭄,기근,폭염 등등)로부터도 벗어나 생명의 안심 보호막 아래(잠언서 6장20~22절)에 있게 하시고 무한한 생명 그 자체이신 하나님을 옷처럼 덧입게(고린도후서 5장1~4절) 하여서 쇠하고 죽고 썩어 다시 흙으로 돌아가는 육의 몸이 아닌 쇠하지 않고 죽지 않고 썩지 않는 신령한 몸(고린도전서 15장44~49절)으로 살게 하려 하심이므로 나고 죽고, 나고 죽고, 또 나고 죽고를 반복하는 생명 속에서 적자생존, 자연선택의 불완전하고 미완성된 진화론이 아닌 생명의 항상성, 보존성, 지속성 차원의 완전하고 완벽한 진화론으로 나아가게 하려 하심임을 염두에 두셨으면 한다.

거듭 말씀드리지만 어떤 부모가 자식을 세상에 태어나도록 만들어 놓고서 낭떠러지로 떨어지기를 원하며 나락으로 뒈져버리기를 바랄까? 오히려 더 나은 길, 더 좋은 것으로 주고자 하는 것이 부모님의 마음인데 "종의 기원, 진화론"을 기록하여 만든 사람 역시 하나님의 모양과 형상대로 지음을 받은 자식 곧 사람이기 때문에 하나님의 사람 지으심의 뜻(취지,목적)을 확실하게 알지 못하고 제대로 이해하지 못한 상태에서의 이론은 결코 온전하고 완전하다고 말할 수 없으므로 "불완전하고 미완성된 진화론"이라 표현하는 것이며 이제는 더 나은, 더 좋은 "완벽한 진화론"으로 가는 길을 열어주고자 선지자 모세를 통해 주셨던 것이 바로 "율법의 핵심인 십계명"이니….

중요한 것은 샘플처럼 선택하여 선보였던 이스라엘이 되었건, 그러한 이스라엘을 제삼자 입장으로 강 건너 불구경하듯이 들여다보고 있었던 이 세상 모든 보통 사람들이 되었건 누가 되었건 창조주 하나님께서 지켜 행하라고 주신 "사랑(이해,존중,배려,양보,긍휼,인내)에서 비롯된 선한 양심의 법"에서 자유로울 수 있는 사람은 없기에 삶의 기준과 매뉴얼로 삼아서 의(옳은 행실)와 선(좋은 마음)으로 행하였더라면 생명(요한복음 1장 1~4절) 그 자체이신, 사랑(요한일서 4장16절) 그 자체이신, 치료(치유,소성)하는 빛(말라기서 4장2절) 그 자체이신 하나님의 참된 백성들(예레미야서 31장33절)이 되는 더할 나위 없는 은혜와 축복과 기회가 분명히 있었을 것이며 또한 그러한 은혜와 축복을 너도나도 받고자 하여 창조주 하나님을 만나러 가려고 하며 또한 찾아오게 하는 홍보와 선전(베드로전서 2장9절)의 역할도 하는 좋은 본보기가 되었겠으나 선민(選民)이었던 이스라엘 사람들은 성민(신명기서 28장9절)으로서 보전하여 주시고 세워주신 그 뿌리(기원)가 창조주 하나님(로마서 11장18~23절)이심을 새까맣게 망각하고서 고개를 빳빳하게, 이마를 뻣뻣하게, 얼굴을 뻔뻔하게 치켜올리고서 불 일듯 이는 탐심과 욕심이 가득한 눈(마음,영혼,심령,정신)으로 바라보면서 그들의 이기적인 말이나 행동들로 인하여 상대방 사람들이 겪게 될 어떤 곤란함이나 어려움이나 괴로움은 안중에도 없이 채우고 쟁취하고 성취하기 위하여 치고받고 물고 헐뜯으며 짓밟아 버리고 피(보복,복수) 터지는 전쟁 같은 죄대로 악독대로 계속하여 행하였으니 결국 멸망하고 패망하고 사망하는 재앙을 스스로 초래(이사야서 3장8~9절)하였을 뿐만 아니라 온 세상 사람들의 비웃음거리, 치욕과 수욕거리(예레미야 3장25절)의 견본(거울과 경계와 생명의 교훈)으로 택하시고 세운 꼴이 되었으니 이 모든 것을 판단(재판,심판)하는 기준은 어디까지나 하나님 나라 천국의 법이요 "율법의 핵심인 십계명"이라는 것을 기억하셨으면 한다.

그래서 "하나님의 율법과 그 핵심인 십계명"을 주시기까지는 그것이 악한 법이 되었건, 선한 법이 되었건 애굽의 법 아래에 자그마치 430년 동안 있으면서 애굽의 종노릇(출애굽기 12장40절,사도행전 7장6절)을 하였던 이스라엘 사람들을 마침내 탈출(출애굽)시켜서 홍해를 건너 시내(시나이반도) 광야까지 인도하고 안내해 낸 것은 "선지자 모세"였으며 그러나 이 모든 일을 계획하시고 경영하시기 시작하신 것은 창조주 하나님이시니 이미 모세로부터 1,000년 전에 살고 있었던 아브라함을 통하여 "젖과 꿀(신명기서 11장8~9절)이 흐르고 안식과 쉼(히브리서 4장9~11절)이 있는 가나안에 관한 영원한 약속(창세기 17장8~9절)"을 하셨을 때부터이며 또한 이를 기억(출애굽기 2장24~25절)하셨고 그렇게 추진하신 것 역시 비록 사람 모세를 앞세우기는 하셨으나 엄연히 "창조주 하나님"이시기 때문에 좋은 법이었건, 나쁜 법이었건 애굽(이집트)아래에서 탈출했으니 이스라엘 사람들은 이제 무법(無法)한 백성들이 되었기 때문에 "선지자 모세"를 통하여 문서화, 법제화, 규모화하여 주셨던 것이 바로 "율법(호세아서 4장6절) 곧 모세 오경(창세기,출애굽기,레위기,민수기,신명기)과 그 핵심인 십계명"이라는 것을 이해하셨으면 한다.

  이 시점에서 똑바로 짚어서 제대로 정리해야 할 것이 있다면 "선지자 모세"는 기원전 1000년경 즉 지금으로부터 약 3,000년 전에 태어난 사람이므로 하나님의 손으로 만드신 "모세의 율법" 역시 3,000년 전에서야 비로소 수면 위로 드러나고 나타난 것이라 표현하는 것이 맞으며 그런데 사람의 손으로 만들어진 인류 최초의 고대 법조문이며 법전으로 "모세의 율법"보다 1,000년이나 앞선 기원전 1750년경 즉 약 4,000년 전에 등장한 "수메르, 함무라비 법전"이 있으며 그 내용은 "눈에는 눈, 이에는 이" 하는 것처럼 어떤 교화(教化)나 개선(보완,시정)의 취지와 목적이 담겨 있기보다는 다분히 그냥 쳐내고 빼내며 잘라 버리고 꺾어 버리며 짓밟아 버리는 이기적이고 살벌한 인간의 의지가 채워져 있으니 하지만 그러한 경영과 운영은 인간의 탐심과 욕심에서 비롯된 지극히 자기중심적인 매끄럽지 못하고 불쾌하고 불편한 것들이기 때문에 세월이 흐르면서 어떤 식으로든 오류나 부작용을 낳을 수밖에 없는 구조이며 그러한 오류와 부작용들이 쌓이고 겹쳐져서 결국 복합적으로, 결과론적으로 그러한 나라(바벨론)는 멸망하는 소멸과 붕괴(기원전 500년)로 이어지게 되었으며 그렇게 한 세대가 가고 한 세대가 오기를 무한 반복하는 시대의 사이클을 통하여 충분히 얻어질 수 있는 통계치와 정보치이니….

　말하고자 요점은 신(하나님)의 손으로 지으신 "모세의 율법"이 비록 표면상으로는 함무라비 법전보다 늦게 기록된 것처럼 보이지만 모세 이전 1,000년 전의 아브라함 시대의 역사, 아브라함 이전 1,000년 전의 노아 시대의 역사, 노아 이전 1,000년 전의 아담 시대의 역사도 모세 율법 곧 모세 오경에 포함되어 기록하고 있고 또 그 안에 비록 눈으로 볼 수 있는 문서화나 법제화가 이루어지지는 않았으나 분명히 존재하고 있었던 "선한 양심의 법"이 있음을 인하여 가장 앞선 법은 "6,000년 전에 기록된 모세의 율법"이 맞는 것이며 그런즉 하나님의 손으로 만든 모세의 율법이 사람의 손으로 만든 함무라비 법전보다 훨씬 더 앞선 "법전"이 되겠으며 더욱이 사람의 손이 아닌 하나님의 손으로 지으신 "율법"이므로 무엇이 더 신빙성과 신뢰도와 설득력이 있는지를 판단해야 하리니….

　그렇다면 이렇게 문서화, 법제화, 규모화한 모세의 율법이 우리 인간에게 주는 증서(證書)로서의 효력(효과,효율)은 무엇일까? 그리고 그 효력이 "완벽한 진화론"으로 나아가는 데 있어서 어떤 영향력이 있고 무슨 연관 관계가 있을까? 다시 말해서 "종말(결말)을 처음(창세기)부터 일러주셨고 아직 이루지 않은 일들(요한계시록)을 옛적(창세기)부터 보이셨다.(이사야서 46장10절)"라고 표현하신 것처럼 하나님의 손으로 지으신 모세의 율법 특히나 창조론(창세기)은 성경책(66권)을 관통하는 척추와 같아서 모세의 율법이 기준과 매뉴얼이 되어 사사기(기드온,삼손,사무엘 등등)를 비롯한 역사서(역대상하,열왕기상하), 지혜서(시편,잠언,전도서), 예언서(이사야,에스겔,호세아,아모스,요엘,스가랴 등등)와 같은 구약 성경(39권)이 기록되었고 더 나아가 이 모세의 율법이 바탕과 토대가 되어 4복음서, 사도행전, 바울 서신서, 요한계시록에 이르기까지 신약 성경(27권)이 기록되었으니 성경책 전체가 "율법"이라 표현해도 과언이 아니며 다만 "모세와 같은 선지자(사도행전 3장20~23절)로 오신 그리스도"를 인하여 그때부터는 "그리스도의 율법(고린도전서 9장21절)"이라 표현하고 있을 뿐이며 중요한 것은 하나님의 손으로 지으신 "하나님 나라 천국의 법"이기 때문에 이렇게 6,000년 전에 미리 "천국의 법"을 주시고 또 땅(세상)에서 지켜 행하게 하려 하심에는 여기서(땅,세상)도 못 지켜 행하면 거기(하늘,하나님 나라)에 가서도 절대로 지켜 행할 수가 없기에 지켜 행하는지, 못 지켜 행하는지 시험(신명기 8장1~2절)하려 하심이 그 첫 번째 목적이니….

그런즉 보이지 않는 선한 양심의 법이 되었건, 눈에 보이는 율법의 핵심인 십계명이 되었건 "하지(보지도 만지지도 붙잡지도) 말라, 하지(살인,간음,거짓말,도둑질,탐심) 말라." 하실 때는 스스로 자초(이사야서 3장8~9)하는 재앙과 저주만을 계속하여 불러들이게 되므로 하지 말라는 것이니 하지 않으면 그만이고 끝날 일인데 우리 인간은 불완전하고 미완성된 존재이다 보니 불 일듯 이는 탐심과 욕심에 눈이 멀어 못됐고 나쁘고 악독한 마음으로 자꾸만 죄(미움,원망,비방,훼방,무시,갑질 등등)대로 행하게 되므로 오직 자기 자신에게만 엄격해질 수 있도록 위하여 주신 것이 "천국의 법"이건만 청개구리 심보가 되어서 성취하고 쟁취하려는 미친 열정(탐심,욕심)을 품고서 뜻대로 마음대로 되지 않으면 불평하고 미워하며 비방하고 함부로 하는 허물을 보이게 되며 그러한 자신의 허물 많은 들보는 보지 못하고서 다른 사람의 티(잘못,실수)만 자꾸 보이기 때문에 스스로를 절제하거나 제어하거나 다스리는 노력을 하기는커녕 오히려 상대방을 손가락질(정죄)하고 눈총을 주는 간섭(비판,비난)과 잣대로 활용을 하면서 자기 자신은 깨끗한 척, 겸손한 척, 고상한 척, 착한 척 하고 있으니 이렇게 죄의 법 아래에 자기 자신뿐만 아니라 다른 사람들도 죄악의 사슬에 가둬 놓으며 얽매이게 하고 옭아매는 악순환만 반복하는 형국이 되므로 그러한 개망나니가 되지 않도록, 능구렁이 같은 짓을 하지 못하도록 하기 위한 우리 인간을 묶어두고 엮어둘 "법(로마서 7장7~8절)"이 필요했던 것이 두 번째 목적이니….

그러므로 정리해 보자면 우리 인간을 비롯한 모든 피조물 곧 생명체들을 이 세상에 존재하게 만들어 주신 창조주 하나님께서는 그 누구보다도 지으심의 취지에 따른 그들의 심정(심리와 감정)을 잘 알고 계시며 또 무엇이 부족한지, 어디가 가려운 곳인지 너무도 잘 알고 계시기 때문에 거기에 안성맞춤인 창조주 하나님의 손으로 지으신 "사랑에서 비롯된 선한 양심의 법"과 또 "율법의 핵심인 십계명"을 우리 인간에게 주셨고 그것으로 삶의 기준과 매뉴얼로 삼아서 살아가게 하신 것이며 이는 사람의 손으로 만든 "법(법전,법률)"과는 차원이 달라서 그 안에 무한한 생명의 기운이 있음을 인하여 죽지 않고 썩지 않는 생명 안으로 들어가게 하고 또 그 안에서 살게 하려 하심이니 하지만 그러하신 하나님의 뜻과 취지를 알려주어도 잊어버리며 가르쳐 주어도 등 뒤로 던져버리고서 당장 눈앞에 보이는 욕심들(안목의 정욕,육체의 정욕,이생의 자랑)을 채우고자 하는 어리석은 미친 마음 때문에 멸망하고 패망하고 사망하는 재앙을 자초하여 불러들였으며 그런데 이런저런 재앙이 계속하여 반복되면 이제는 재앙을 넘어선 "멸종의 저주"라고 밖에 표현할 수 없음은 비록 우리 인간처럼 똑똑한 머리가 있는 것은 아니지만, 뇌가 있는 것도 심장이 있는 것도 아니지만 그냥 주어진 대로, 흘러가는 대로 살아가는 아무런 잘못도 없는 피조물들조차도 그들의 의지와는 상관없이 멸종의 톱니바퀴 속으로 밀어 넣고 있기에 이러라고 정복하고 다스리는 권한을 우리 인간에게 맡겨주신 것이 아니므로 몰랐으면 모를까 이제는 알았다면 일깨우고 돌이켜서 고쳐 행하는(사도행전 17장30~31절) "개혁(改革)"은 필수이며 그런 연후에야 흘러가는 대로, 주어진 대로 말없이 살아가는 다른 피조물들처럼 이제는 남 탓을 하거나 핑계하는 모든 입(로마서 3장19~20절)을 틀어막고 온전하고 완전하게 완성(온전히 지켜 행함)하여 온전한 사람(야고보서 3장3~4절)이 되어야만이 "완벽한 진화론"으로 나아갈 수 있고 말 못하는 다른 피조물들 역시 "완벽한 진화론"으로 인도하고 안내할 수 있다는 것을 잊지 마셨으면 한다.

## (13) 아브라함의 믿음을 통해 드러난 완벽한 진화론

아브라함은 하나님의 "하" 자도 모르는, 여호와의 "여" 자도 모르는 "갈대아(바벨론) 우르(창세기 15장7절)" 지방에서 태어난 귀족 출신의 사람이었으며 또한 티그리스, 유프라테스 강의 영향을 받아 비옥했던 갈대아 우르 지역이나 수메르, 메소포타미아 지역은 문명과 문화가 발달할 수밖에 없는 도시들이었는데 그러한 편하고 편리하며 윤택하게 살았을 아브라함이 무엇이 아쉽고 부족해서 그것도 다 늙은 나이에 그 태어나고 자랐던 본토(本土)인 우르를 떠날 마음을 먹었을까? 보통 사람이라고 한다면 모든 것이 익숙하고 친근한 고향을 멀리하고서 떠난다는 것은 적잖이 주저하게 되고 망설여지며 고민하게 되는 것은 당연한 일이고 더욱이 갈대아 우르를 떠나 하란 땅(사도행전 7장4절)을 거쳐 창조주 하나님께서 지시하신 땅이었던 "가나안(창세기 12장1~5절)"으로 가기까지의 거리는 무려 2,500㎞나 되어서 지금처럼 차(자동차,버스)나 기차, 비행기와 같은 교통수단조차도 없었던 시대에 그것도 많은 식솔들을 거느리고서 걷는 걸음으로 족히 1년은 넘게 걸어야 하는데 도대체 무슨 깡과 배짱과 담력이 나와서 가나안을 향한 노정에 오를 수 있었을까? 더군다나 낯선 땅에서의 새로운 시작을 하기엔 팍팍한 생활은 말할 것도 없거니와 두렵고 외로우며 그립고 서러운 일들의 연속일텐데 또 할 수만 있다면 다시 고향으로 돌아가고자 하는 것이 지극히 정상적인 사람의 마음인데 이러한 아쉬움과 미련이 남고 집착(애착)하게 되는 것들을 무 자르듯 잘라내는 결단력은 어디에서 나왔을까? 이렇게 꼬리에 꼬리를 무는 수많은 질문을 무색하게 만들 수 있는 창조주 하나님을 향한 어마어마하고 엄청난 믿음이 없이는 불가능한 일이니 이 "가나안 땅"에 대한 비밀 아닌 비밀을 알지 않고서는 절대로 행동에 옮길 수 없는 행보이므로 이 시점에서 살펴보아야 할 중요한 것이 있다면 이러한 아브라함의 통 큰 믿음의 행보가 가능하게 했던 "가나안"은 무엇이며 또한 그러한 가나안 땅으로 가라고 지시하신 "창조주 하나님"은 어떤 분이며 그리고 이 모든 것이 "완벽한 진화론"으로까지 연결하는 그 어떤 공식과 연관성이 성립되는 것일까?

　이 지구상에 존재하는 사람이라면 하나님을 믿고 안 믿고를 떠나서, 하나님을 알고 모르고를 떠나서 한 번쯤은 "하나님은 과연 어떤 분이고 무엇일까?" 하는 궁금증을 품게 되며 또 보이지도 않고 대화도 할 수도 없는 영적(靈的)인 존재인데 "과연 이 세상에 있기는 한 걸까?" 하는 아주 근본적이고 본질적인 의문들이 있었으리라. 먼저 하나님은 "스스로 있는 자(출애굽기 3장 14절)"이시니 "스스로 있다."라고 함은 어떤 경우에라도 죽어서 없어지는 일, 썩어서 사라지는 그럴 일이 절대로 없이 항상 있는(베드로전서 1장23절) 즉 "항상 살아있는 생명"을 의미하며 이는 "죽지 않고 썩지 않는 신령한 생명"이라는 의미이기도 하기에 "산신령" 하듯이 죽은 자 또는 죽어가는 사람도 살리실 수 있으시며 또한 흙(무기물)으로 지으신 사람(유기물 생명체)에게 생기를 불어넣어 생령이 되게 하시는 즉 없던 생명도 있는 생명으로 부를 수 있다는 것(마태복음 10장28절)을 뜻하기도 하므로 이를 다른 말로 표현하자면 "영원무궁한(디모데전서 1장17절) 생명,

무한한(욥기서 37장23절) 생명"이라고도 하며 또한 "부모도 없고 족보도 없어서 밑도 끝도 없는, 시작도 끝도 없는 생명(히브리서 7장3절)"이라고도 표현하여 기록하고 있으니….

그런데 이 세상을 살아가면서 우리 사람들이 알고 있고 봐왔었고 들어왔던 것 중에서 생명의 그 결말(마지막)이 항상 있는 것이 있었을까? 항상 살아있는 것이 있었을까? "영원한 건 절대 없어!!(G-DRAGON의 〈삐딱하게〉)"라는 노래 가사처럼 모두가 다 때가 되면 죽게 되고 또 때가 되지 않아도 갑자기 이래서(질병) 죽으며 돌연 저래서(사고) 개죽음을 당하고 예기치 않게 그래서(재해) 파리 목숨처럼 쉽게 죽으며 그리고 살아가면서 변이를 통하여 적자생존으로 살아남아 있었을지라도 결국에는 죽게 되고 자연선택적으로 살아있었어도 어차피 죽게 되기를 한 세대가 가고 한 세대(전도서 1장4절)가 오면서 다람쥐 쳇바퀴를 돌듯 무한 반복하고 있었다는 것을 사람이라면 누구나 다 아는 사실이며 그러나 "창조론(창세기)"에서는 생명 그 자체이신 창조주 하나님을 "산 자의 하나님(마태복음 22장32절)"이라 하시는 "생명의 항상성, 보존성, 유지성"에 관하여 기록하고 있으니 그런데 "쇠하여 죽고 썩는 것도 진화론의 일부분"이라고 하는 166년 전에 사람의 손에 의해 만들어져서 기록된 "종의 기원, 진화론(1859년 작)"이 더 믿을 만한 설득력이 있는 이론일까? 아니면 6,000년 전에 창조주 하나님의 손에 의해 만들어져서 기록하신 "창조론(창세기)"이 더 믿을 만한 설득력이 있는 이론일까?

그리고 우리 인간이 살아가면서 기쁘고 즐겁고 재미있어서 신나게 웃으며 행복해하고 감사하는 순간보다 삶(생활) 자체가 고달프고 고생스러우며 때로는 외롭고 슬프고 괴로울 때도 많고 또 두려운 근심과 걱정과 염려들이 늘 함께 있어서 초조하고 불안하고 조급하기만 하며 그러한 징글징글한, 때로는 지긋지긋한 생활 속에서 윤회를 한들, 환생을 한들 뭐 새삼스러운 일들이 있겠으며 시대 시대마다 항상 겪어오던 똑같은, 동일한 일들인데 무엇을 가리켜 새것(전도서 1장 9~10절)이라 말할 것들이 있으랴. 최소한 새것이라 불러서 말할 수 있을 정도가 되려면 기존의 틀(쇠하여 죽고 썩는 사망)에서 완전히 벗어나 편안하고 안녕하며 평화로운 가운데서 낡아지는 족보(혈통,세습,전통,관습)조차도 필요가 없는 정도는 되어야, 처음에 존재하기 시작했던 새것 그대로 그 한 번으로 쭈욱 갈 수 있어야 "스스로 있다, 생명이다."라고 표현하여 말할 수 있는 것인데 지금의 우리 인간의 목숨(생명)은 시한부 100년이요 그마저도 다 못 채우고 죽기 십상이며 이를 무슨 이치(섭리)나 진리(순리)쯤으로 받아들이고들 있을 뿐이니….

그런데 아브라함은 처음부터 물론 그렇게 알고 믿었던 것(로마서 4장 11~12절)은 아니지만 "죽은 자를 살리시며 없는 것(생명)도 있는 것같이 부르시는 이(로마서 4장17~18절)가 바로 하나님"이심을 깨달아 알게 되었고 또 그러한 차원에서의 "전지전능(全知全能)하신 이, 무소불위(無所不爲)하신 이"이심을 알아보게 되었으며 그것이 믿어졌기 때문에 보살펴야 할 가족, 챙겨야 할 식솔들이 많이 있음에도 불구하고 "혈혈단신(이사야 51장2절)의 믿음"으로 하나님께서 명하신 가나안에서의 생명에 대한 소망과 희망, 기쁨과 행복을 마음에 품고서 고향을 떠나 하란 땅을 거쳐서 그 멀고도 먼 길(2,500㎞)을 고민 없이 걸음을 재촉하였으리라. 이것이 아브라함보다 1,000년 전에 살았던 노아와 그 시대 사람들과의 하나님의 관계, 또 아브라함보다 2,000년 전에 살았었던 아담과 그 세대에 살았던 사람들과의 하나님의 관계조차도 전혀 알 수 없었던 시대에 살고 있었음에도 마음을 움직이고 몸(행동)도 움직이게 한 결단력이었으며 또한 무슨 정보통이나 아무런 통계치도 없는 상황이었음에도 아브라함을 가나안 땅으로 이끌어 주는 원동력이었으니 그런즉 이제 와서 보니 창조주 하나님께서는 그저 그러한 아브라함 시대의 역사 이야기나 아브라함의 살아온 날들에 대한 지식을 전달하고자 하여 기록하신 아니라 아브라함에게 주셨던 영원한 약속(창세기 17장8~9절)에 관한 말씀의 씨앗(누가복음 8장11절)을 그 자손들, 후손들, 그 후 세대 사람들의 입에서 입을 통하여 알게 되고 듣게 되며 읽게 될 "쇠하지 않고 죽지 않고 썩지 않는 변이(베드로전서 1장4절)를 통한 적자생존과 자연선택이 가장 이상적이고 완벽한 진화론"임을 알리고자 하여 "창조론(창세기)"을 기록해 주신 목적과 취지가 되겠으며 그러하신 하나님의 뜻을 아브라함은 이미 그때 그 시대에 학자(이사야 50장4~6절)같이 깨달아 이해할 줄 알았다는 의미이기도 하기에 사람의 손으로 만든 "진화론"은 창조주 하나님의 손으로 지으신 "창조론(창세기)"과 반드시 궤를 함께 할 때 완성도가 높은 "완벽한 진화론"이 될 수 있으니 거듭 말씀드리지만 창조주 하나님께로 지음을 받은 사람의 손에 의해 만들어진 "종의 기원, 진화론"이므로 하나님의 숨소리가 담겨 있음이 분명한데 그것이 어디 가겠는가? 다만 그러하신 하나님을 제대로 알지 못한 상태에서 기록되어 나온 "종의 기원, 진화론"이니만큼 완전할 수 없는 일부분이요 초보 이론일 수밖에 없고 이제야 비로소 "완전하고 완벽한 진화론"으로 나아갈 수 있는 길이 열리게 되었음을 잊지 마셨으면 한다.

## (14) 하나님을 아는 지식이 진화론에 미치는 영향

창조주 하나님께서는 첫 번째로⋯ 부모도 족보도 없으시며 시작도 끝(히브리서 7장3절)도 없으신 "스스로 있는 자(출애굽기 3장14절)"이시니 이는 그 어떤 것보다도 처음이며 그 무엇보다도 마지막(나중)이라는 의미이기도 하기 때문에 만약에 생명의 시작(종의 기원)이 있다면 그것도 창조주 하나님이시며 또한 생명의 마지막이 있다면 이 역시 창조주 하나님이시니 그러니 두 번째로⋯ 그냥 처음부터 생명(요한복음 1장1~4절) 그 자체이시므로 우리 인간을 비롯한 이 지구상에 존재하는 모든 생명체에게는 마땅히 낳아주신 부모님이 있기 마련인데 그 부모의 보모의 부모의 부모의 그 부모는 누구일까? 하는 질문을 던졌을 때 즉 종의 기원, 그 뿌리는 "창조주 하나님"이 될 수밖에 없다는 논리로서 그렇기에 하나님의 관심사는 오직 그 지으신 피조물들의 생(生)과 사(死) 즉 "인명(人命)은 재천(在天)" 하듯이 우리 인간의 죽고 사는 모든 일에 개입하시며 주관하시는 생명의 주인(베드로전서 2장10~11절)이 되는 것이며 이미 아브라함은 "죽은 자도 살리시며 없는 생명도 있는 것같이 부르시는 이(로마서 4장17~18절)"이심을 이미 그때 그 시대에 알고 믿었다는 의미이니 중요한 것은 자식(자녀)을 이 세상에 태어나도록 만들어 놓고서 뒈져버리기를 바라는 부모는 없으며 그렇다고 생(生)과 사(死)를 전적으로 관여하시는 이에게 힐문(詰

問)할 수는 없는 노릇이므로 항상 두렵고(마태복음 10장28절) 떨리는 마음으로 정신 차리고서 "마음을 곱게 먹어야지, 곱게 써야지!!" 하는 것처럼 스스로가 나름의 사람 됨됨이나 마음 씀씀이에 의식을 갖고 신경 써서 자기 자신을 돌아볼 줄 알아야 하리니 세 번째로⋯ 또한 인애와 자비(호세아 6장6절,마태복음 12장7절)가 많으시고 긍휼과 인내가 충만(에베소서 3장18~19절)하신 "사랑(요한일서 4장16절)"그 자체이시기 때문에 네 번째로⋯ 사람의 마음을 "사랑으로 치료(치유,소성)하시는 광선 곧 빛(창세기 1장3~5)을 발하시는 의로운 해(말라기 4장2절)"이시니 사랑으로 치료(치유,소성)하심이 썩지 않고 죽지 않는 생명(고린도전서 15장52~54절)으로 들어가게 하고 또 아픔이나 슬픔, 두려움이나 걱정이 없는 안식(쉼)을 주며 또한 그러하신 하나님의 백성으로 구속(이사야 62장12절)하시는 구원으로 이어지게 하므로 우리 인간이 결국 돌아갈 본향이 있다면 "하나님"이 될 수밖에 없으며 이것이 "하나님을 아는 지식(호세아 6장6절)"이요 이를 믿을 수 있는 것이 "믿음(히브리서 11장1~3절)"이라는 것을 염두에 두셨으면 한다.

그래서 우리 사람도 무언가를 만들고자 하는 분명한 뜻(취지,목적)을 세우게 되면 기획 단계를 거쳐 도면(계획)을 그려서 하나하나 지어 올리며 또한 차근차근 만들어 가고자 하는 애정과 열정 어린 애착심이 생기게 되고 또 사람(부모)도 사람(자식,자녀)을 만들어 이 세상에 태어나게 할 때는 더욱더 그러할 수밖에 없는 것은 당연한 일이니 이는 다 창조주 하나님의 모양과 형상을 닮은, 그 신의 성품대로 지음을 받은 피조물로서의 지극히 정상적인 모습이며 그 지으심의 근본 기질이나 성품의 본질이 어디 가겠는가? 그러하신 하나님을 닮은 모습 그대로 지음을 받은 사람 중에 "아브라함"에 관하여 말하고자 함에는 창조주 하나님의 사람 지으심의 취지와 목적에 아브라함은 아주 충실(충직,성실)하였고 또 "하나님을 아는 지식"을 좇아서 움직였던 그 발걸음이 어느덧 젖과 꿀(신명기 6장1~3절)이 흐르며 안식과 쉼(신명기 12장9~10절)의 땅 "가나안"에 이르게 하였으며 또한 이러한 "하나님을 아는 여러 지식"이 먼 거리(2,500km)쯤은 전혀 문제가 되지 않을 용기를 낼 수 있도록 아브라함의 마음을 움직인 것이며 그리고 자신의 가족들과 식솔들만 데리고 움직여도 상당히 번거롭고 버거운 일이었을 텐데 조카 롯(창세기 12장5절)의 가족들과 식솔들까지 데리고 함께 가나안 노정에 올랐다는 것은 그 길에서 있을 어떤 일들(사건,사고,문제)까지도 그것이 뭐가 되었건 그러하신 하나님을 믿고서 인내(참아 기다려 줌,감내,감당)하여 그냥 내맡겼다는 것을 알 수 있는 대목이라는 것을 이해하셨으면 한다.

일례로 어디에나 사람들이 많이 모인 곳(모임,단체,동호회 등등)에는 다들 생각(기준,관점)이 다르고 성향(가치관,신념)이 다를 수밖에 없으므로 때로는 갈등이나 대립이나 논쟁이 생기기 마련이고 또 사람 살아가는 것은 다 똑같아서 일이 커지면 다툼이나 싸움이 일어나기도 하며 이것이 국가(나라) 간의 문제이면 테러나 전쟁도 벌어지게 되는 것은 뭐 어제오늘 일이겠는가? 아브라함의 양을 치는 목자들과 조카 롯의 양을 치는 목자들 사이에서 이권 다툼(창세기 13장7~12절)이 일어나게 되었고 그러나 아브라함은 다투는 것을 원하지 않았기 때문에 조카 롯에게 우선 그가 원하는 기름진 요단 땅을 양보하여 그때부터 서로 나뉘게 되었으니 만약에 아브라함 역시 양쪽 식솔들이 싸우든가 말든가 조카 롯처럼 이권(욕심,욕구,욕망)에만 관심이 있었다면 절대로 조카 롯의 식솔들의 행동을 이해해 주거나 존중해서 배려하거나 양보해 주지 않았으리라. 다시 말해서 아브라함의 관심사는 보암직(안목의 정욕)한, 먹음직(육체의 정욕)한, 지혜롭게 할 만큼 탐스러운(이생의 자랑) 세상사를 사랑(요한일서 2장15~17)했던 것이 아니라 오직 어떤 상황(입장,처지)에서도 자기 자신의 유익(체면,자존심)이나 이익(성공,재력)은 잠시 내려놓고서 상대방을 먼저 헤아려 이해하고 존중하여 섬기며 배려하고 양보하여 기다려(인내)줄 줄 아는 즉 "사람 사랑(고린도전서 10장23~24절,13장5절)"이 관심사였고 또한 "사람을 사랑할 줄 아는 것이 곧 하나님을 사랑하는 것"이요 그것이 "하나님을 아는 지식의 핵심 계명(요한일서 4장19~21절)"임을 아브라함은 이미, 벌써 확실하게 알고 믿었다는 의미이니….

이뿐 아니라 "고래 싸움에 새우 등 터진다."라는 속담도 있지만 큰 제국 국가들의 전쟁(창세기 14장1~2절) 속에서 아브라함은 조카 롯이 그들에게 사로잡혀 재물(재산)까지 빼앗겼다는 소식을 접하고서 조카 롯(창세기 14장12~16절)을 구하기 위하여 318명을 거느리고 가서 목숨을 걸고 조카 롯을 비롯한 그의 재물과 부녀들과 친척들을 찾아왔으니 사실 내 가족들, 그 많은 내 식솔들을 챙기거나 보살피기도 벅찰 텐데 심지어 서로 나누어져 제 갈 길을 찾아 떠났던 조카 롯과 그 가족에, 식솔에, 재산까지 챙기기란 쉽지 않은 일이지만 그러한 자상함(자비,인애,긍휼,인내 등등) 역시 "하나님을 아는 지식"에서 나온 믿음의 행실이며 그러한 일련의 모든 믿음의 행보가 마침내 창조주 하나님의 아브라함을 가나안으로 들이신 취지와 목적 곧 "대대손손 지켜 행하여야 할 가나안에 대한 영원한 약속(창세기 17장7~9절)"을 하셨고 "거기에서 그들의 하나님이 되겠다."라고 하신 약속이 있었음을 기억하셨으면 한다.

이 시점에서 반드시 또 짚고 넘어가야 할 중요한 부분은 창조주 하나님께서 이 "가나안에 관한 영원한 약속"을 기억하시고 마침내 이행하시게 된 때는 아브라함으로부터 1,000년이 훨씬 지난 후 모세 시대(출애굽기 2장24~25절) 즉 아브라함의 아들 이삭, 이삭의 아들 야곱, 야곱의 12 아들들이 생육하고 번성하여 기하급수적(출애굽기 1장7절)으로 늘어나 장정만 60만 명(출애굽기 12장37절)이 넘는 "이스라엘 민족(백성)"을 이루었을 때이며 또한 그 "가나안에 관한 영원한 약속"을 지키시기 위하여 창조주 하나님께서는 선지자 모세를 세우셨고 모세의 진두지휘하에 430년간 종노릇했던 애굽에서 탈출시켰으며 홍해를 건너는 기적을 통하여 "미쁘신(믿음직스러운) 하나님"이심을 증명하셨으며 이것이 시내(시나이 반도) 광야로 나오게 하신 이유이시니 그러나 한국말은 끝까지 들어봐야 하고 성경 66권 하나님의 말씀은 끝까지 읽어봐야 하리니 왜냐하면 이스라엘에게서 난 그들이 다 이스라엘이 아니요 또한 아브라함의 씨(혈통,족보)가 다 그 자녀가 아니라 "오직 약속의 자녀가 그 씨로 여기심(로마서 9장 6~8절)"을 받아야만이 "가나안 온 땅을 기업으로 받을 수 있고 또 거기에서 하나님의 백성"도 될 수 있으므로 이는 "아브라함의 자손, 후손" 하는 혈통(족보,세습,전통,관습 등등)으로 이어지거나 맺어진 관계는 아브라함과 이삭과 야곱을 마지막으로 끝난다는 의미이니 다시 말해서 야곱은 자신이 간구했던 축복을 관철(창세기 35장10~12절)시키기 위하여 천사 사람과 씨름(창세기 32장28절)을 하여 이겼고 사람의 받고자 하는 축복이야 뻔한 "태평성대, 승승장구"이기 때문에 그렇게 싸워 이겨서 얻은 야곱의 새 이름이 "이스라엘(이긴 자)"이며 그러한 이스라엘(야곱)은 12 아들들을 낳아 생육하고 번성하여 충만해져서 드디어 족속을 이루고 민족을 형성하며 "이스라엘 국가(나라)"가 된 것이며 이로써 이스라엘의 뭇 자손의 수

(로마서 9장27절)가 바다 모래알보다도 더 많아졌으니….

그런데 너도나도 다 "아브라함의 혈통, 이삭의 혈통, 야곱의 혈통"으로서의 하나님의 택하심을 입은 선민(選民)임을, 거룩함을 입은 성민(신명기 7장6~10절)임을 내세워서 그들이 하는 모든 것들은 "뭐든지 다 해도 된다는 프리 패스(무조건 통과)"의 개념이 된다면 그래도 천지 만물, 모든 피조물을 지으신 창조주 하나님이신데 그 외에 다른 사람들은 사람도 아닌가? 하는 질문에 수긍이 되고 납득이 될 만한 이론을 내놔야 하리니 예를 들어 어떤 부모(아버지 하나님)가 자식(이스라엘 민족)을 낳았고 또 눈에 넣어도 아프지 않을 이쁜 새끼(자녀)라는 이유 하나만으로 동네방네 다니면서 못된 짓이란 못된 짓은 골라서 다하며 또한 하는 짓마다 민폐나 끼치며 해(害)를 입히고 툭하면 치고받고 물고 헐뜯으며 짓밟아 버리고 피(보복,복수) 터지는 전쟁 같은 사고(죄와 악독)만 치면서 다니는 자식을 위해 무조건 뒷감당 다 해주고 뒤치다꺼리 다 해줄 부모가 어디에 있을까? 그때부터는 자식이 아니라 골칫덩어리, 원수가 되는 것이요 그 자식(이스라엘)이 부모(하나님)를 미워한다고 느낄 수밖에 없으니 그러라고, 그러려고 하나님께서 택하신 것이 아니므로 "오직 약속의 자녀라야 씨(하나님의 아들)로 여기신다."라는 말씀에 방점이 찍혀 있다는 것을 학자(이사야 50장4절)같이 알아들으셔야 하리니 그런즉 오직 약속의 자녀가 되기 위해서는 창조주 하나님이 시내 광야에서 모세를 통하여 주셨던 "율법의 핵심인 십계명"을 반드시 지켜 행하여야(신명기 8장1~2절) 하기 때문에 그 내용을 살펴보자면 그 모든 내용이 "못된 짓을 하지 말아라, 민폐를 끼치지 말아라, 해(害)를 입히지 말아라, 사고 치지 말아라, 욕심내지 말아라." 하는 죄악(이사야 59장1~2절)에 관한 것들이고 그중에 하나라도 걸리면 모든 죄에 다 걸리게 되는 원리이니 이러고서야 어찌 창조주 하나님의 택하신 선민, 성민으로서의 "이긴 자 곧 이스라엘"이라 말할 수 있을까?

우리 인간은 어느 누구랄 것 없이 한 가닥 욕심이 없는 사람이 없고 또 그 욕심을 성취하고 쟁취하기 위하여 한 가락하는 하는 사나운 성질이 없는 사람이 없으며 이를 위해 목숨같이 여기는 체면과 자존심으로 포장하고 앞세워서 상석(上席)에 앉아 뜻대로 마음대로 좌지우지 수족 부리듯이 칼자루를 휘두르려 하면서 만약에 뜻대로 안 되거나 마음에 안 들게 되면 불평하면서 미워하고 분노하면서 비방하고 무시하시면서 짓밟아 버리는 죄대로 악독대로 행하게 되는 것은 다 마찬가지고 다 똑같은 불완전하고 미완성된 존재인데 선택함을 받은 아브라함과 이삭과 야곱의 혈통이라는 이유만으로 하나님을 등에 업고서 기세등등해지고 기고만장해지며 오만방자한 안하무인이 되어 지켜 행하라고 주신 계명들을 새까맣게 잊어버리고서 오히려 고개만 빳빳이 세우고 있는다면 제아무리 선민(選民)의 성민(聖民)의 할아버지라고 할지라도 그들을 보전하고 있는 뿌리가 아브라함의 혈통이나 족보가 아닌, 세습이나 안수가 아닌 창조주 하나님이심(로마서 11장18절)을 망각한 눈치, 염치를 모르는 파렴치가 되리니 그런즉 창조주 하나님의 선민(選民), 성민(聖民)으로서 택하심을 받았던 "이스라엘"이라 할지라도 다섯 번째로… 공력(공덕)이 완전하시고 그 모든 길이 공평(공정,평등)하시며 진실무망하시고 정직하신(신명기 32장4~6절) "하나님을 아는 지식"에서는 자유로울 수 있는 사람은 아무도 없어서 정신 줄을 놓고서 배부르고 등 따스워지면 지으시고 만드신 부모님도 몰라보는 "후레자식"이 되기는 다 마찬가지이기 때문에 그러한 불완전하고 미완성된 우리 인간의 유전자들이 모이고 겹쳐지고 쌓여서 각종 오류와 부작용을 낳는 악순환만 반복하여 스스로 질병으로 멸망하고 사고로 패망하며 재해로 개죽음을 당하는 사망의 재앙을 자초하게 되었으므로 이제 와서 알고 보니 주신 계명들을 지켜 행하였더라면 천 대까지 가나안을 기업으로 받을 수 있는 은혜와 축복이었지만 결과론적으로 죄악대로 행함을 인하여 재앙과 저주를 자초한 보응이 있었던 이스라엘의 흑역사를 기록하심은 "창조론(창세기)"은 그저 특정(혈통,모태신앙,세례,안수)된 사람들의 전유물이 아니라 계명을 통하여 자신의 더러움과 누추함, 부족하고 부끄러운 부분을 볼 줄 아는 거울로, 두렵고 떨리는 마음으로 조심할 줄 아는 경계로, 이로써 스스로의 굴욕적인 모습들을 돌이켜 고쳐 행할 줄 아는 생명의 교훈으로 삼아 받아들일 줄 아는 사람들에게 하나님의 아들들(히브리서 2장10절)이 되게 하여 그들에게 가나안을 기업으로 주고자 하여 기록하신 말씀이기 때문에 그러하신 창조주 하나님께서 쇠하지 않고 죽지 않고 썩지 않는 생명과 안식과 구원을 주겠다고 하시는데, 이것이 "완벽한 진화론"이어야 하는데 어느 누가 쇠하여 죽고 썩어 다시 흙으로 돌아가는 것이 자연의 이치(섭리)라, 원리(진리)라 우길 수 있을까?

## (15) 완벽한 진화의 길을 제시하는 아브라함의 행보

 창조주 하나님께서 아브라함으로 "믿음의 조상"이 되게 하신 결정적인 아브라함의 믿음은 하나님과는 결코 아무런 연결고리도 없고 아무 상관도 없으며 하나님에 관한 그 어떤 지식이나 신앙도 없었던 '무할례자(로마서 4장9~12절)로 있을 때'이며 이는 처음부터 하나님을 알고 믿는 사람은 아무도 없다는 의미이기도 하고 또 모태 신앙 역시 뱃속에서부터 믿음을 갖고 태어나는 것이 아니므로 "너 뭐 돼?(《폭싹 속았수다》의 대사)" 하듯이 교회(성당,성전,사원 등등) 문턱이 닳도록 열심과 충성을 내며 직책을 맡아 봉사하고 헌금(기부,후원)하는 것이 하나님을 믿는 믿음의 전부인 양, 구원은 따 놓은 당상(벼슬)인 양 부추기는 것은 이제 그 양심상 하나님 앞에 온전(완전)히 세울 수 없는 "의식과 예식 곧 육체의 예법(히브리서 9장9~10절)으로서의 초보(일부분)"에 불과하여 결혼식을 올렸다고 이혼을 못하거나 안 하지 않는 것처럼 예배 의식과 헌금이 믿는 믿음의 모든 걸 통치는 면죄부가 아니니….

 다만 "죽은 자를 살리시며 없는 생명을 있는 것같이 불러주시는 이(로마서 4장17~18절)"가 반드시 있으며 또한 모든 만물(이치,섭리,원리,진리 등등)과 모든 피조물의 생사(生死) 즉 "생로병사, 희로애락, 사후세계(마태복음 10장28절)"까지도 관여하시고 주관하시는 "생명의 주인(말라기 1장6절)"이 분명히 있을 텐데 그것이 "창조주 하나님"이심을 아브라함은 그 세대에서 이미 학자(이사야 50장4절)같이 깨달아 알고 있었고 이것이 "하나님을 아는 지식의 핵심"임을 아브라함은 그때 그 시대에 정확하게 파악하고 있었다는 의미이기 때문에 우리 인간은 아는 만큼 보이고 보이는 만큼 믿고 믿는 만큼 움직이게 되니까 올바르고 제대로 아는 것이 관건이므로 거기에서 비롯된 그 믿음이 아주 큰 산(마태복음 17장20절)이 가로막고 거대한 파도가 요동(마태복음 8장26~27절)을 치며 대풍에 휩쓸리는 굴곡진 인생에 산 넘어 산이라고 할지라도 아브라함의 고향인 갈대아 우르를 떠나 하란 땅을 거쳐서 하나님께서 지시하신 가나안(2,500㎞)을 향하여 발길을 움직이고 행동으로 옮길 수 있는 결단력과 용기와 담력을 생기게 하였다는 것을 이해하셨으면 한다.

중요한 것은 그렇게 "믿음의 조상으로서의 아브라함"을 드러내고 나타내어 세우시고 택하신 것은 오직 "하나님"이시기 때문에 이는 그 후손들로 아브라함의 자손이요 혈통(족보,세습)임을 으스대거나 자랑하면서 자긍(自矜), 자고(自高)하여 상석(上席)에 앉아 무슨 벼슬인 양, 상전인 양하면서 상대방이 겪을 곤란함이나 어려움이나 괴로움은 안중에도 없이 민폐를 끼치고 해(害)를 입히며 마음대로 사고를 쳐도 되는, 뭐든지 다 해도 된다는 오만하고 자만하고 교만하게 하려 하심이 아니라 오히려 모두가 부족하기는 다 똑같으며 불완전하고 미완성된 존재이기는 다 마찬가지이지만 그러한 수많은 사람 중에서 그저 아브라함을 세워주셨고 그 생명 뿌리를 보전해 주셨던 주인은 오직 "창조주 하나님(로마서 11장18~21절)"이심을 알고 깨달아서 두렵고 떨리며 낮아진 마음으로 자기 자신의 몸가짐의 됨됨이, 마음가짐의 씀씀이를 항상 정신을 차리고서 살피며 돌아보게 하여 쏟아지는 듯한 큰 산과 같은 질병(염증,암,바이러스,세균 등등)이나 대책 없이 밀려드는 거대한 파도와 같은 사고(전쟁,살인,교통,붕괴,압사,추락,침몰,익사 등등)나 속수무책으로 불어오는 태풍 같은 재해(홍수,지진,가뭄,기근,폭염 등등)로 인하여 개죽음을 당하는 모기 목숨같이 멸망하거나 패망하거나 사망하는 재앙에 노출이 되지 않고 생명의 안심 보호막(잠언 6장20~22절) 아래에서 편안한 안식(쉼)을 얻는 하나님의 백성(아들)으로 구속, 구원하여 살게 하려 하심이 궁극적이고 본질적인 목적이며 그러한 믿음의 조상인 아브라함으로 명맥(命脈)이 이어진 "자손들과 아들들 곧 하나님의 씨(히브리서 2장10절)"가 되게 하려 하심이니….

하지만 그러하신 "하나님을 아는 지식과 그 지식에서 나온 하늘의 지혜(야고보서 3장16~18절)"는 인간의 끝이 없는 탐심·욕심과 맞바꾸고서 아브라함의 혈통이라는 체면(체통)과 그 자손·후손이라는 자존심과 이제는 너도 나도 선민(選民), 성민(聖民)이라고 하는 위신을 앞세워서 개망나니가 되고 능구렁이가 되어 오히려 패역(호세아 6장6~7절)을 행하며 그 마음을 다스리지(창세기 4장6~8절) 못하고서 악독(요한일서 3장12절)한 사람이 되며 이러한 죄악의 사상, 죄악의 행실(이사야 59장6~7절)이 만연한 세상(창세기 6장5~6절)으로 만들어 버렸으니 이를 인하여 우리 인간의 쇠하여 죽고 썩어 다시 흙(유기물 생명체에서 무기물)으로 돌아가는 재앙과 저주(창세기 3장17~19절) 아래에 있게 된 것이지 이는 자연의 이치(섭리)도 아니요 원리(변이)도 아니며 그렇기에 적자생존, 자연선택에서 오는 진화론의 한 부분이라고 표현하는 것도 이제는 맞지 않는 논리가 됨을 염두에 두셨으면 한다.

그래서 지옥도 지옥도 그런 지옥이 없는 "가나안(팔레스타인 지역)"으로 만들어 버리고서 어찌 젖과 꿀이 흐르는 "가나안"으로 둔갑하기를 기대할 수 있겠으며 하나님의 모양과 형상인 자비와 인애, 긍휼과 온유, 사랑과 인내가 없이 가혹하고 잔혹한 비열함과 잔인함만이 남아있는 "가나안"으로 뒤덮도록 만들어 놓고서 어찌 편안하고 안락한 안식(쉼)이 있는 "가나안"으로 탈바꿈되기를 바랄 수 있을까? 그러라고 창조주 하나님께서 아브라함에게 "가나안을 기업으로 주시겠다는 영원한 언약(창세기 17장7~9절)"을 하신 것이 아니며 이러려고 그 자손들을 믿음의 조상인 아브라함의 혈통(족보,후손들)으로 세우고 선택하신 것이 아니기에 "하나님을 아는 지식"을 아주 제대로 오해하고 왜곡하여 변질시켰다고 표현하는 것이며 또한 선민의 당사자인 이스라엘이 그러하면 하나님을 잘 몰라 안 믿고 못 믿는 세상 사람들은 오죽하겠는가? 그러니 스스로가 베풀어 놓은 밥상이 되레 올무(시편 69편22절)가 되고 덫이 되어 재앙을 초래한 것이므로 뭔가를 착각해도 한참이나 착각하여 눈치, 염치라고는 찾아볼 수 없는 후레자식(신명기 32장5~7절)임을 온 천하 세상, 세계 사람들에게 알려 비웃음거리(역대하 29장8~9절)가 되고 지으신 창조주 하나님을 모독(사도행전 2장23~24절)하는 행위나 다름이 없기 때문에 어떤 특정된 땅이나 장소, 특정된 사람들이 땅따먹기 식으로 힘없고 가난한 사람들을 자신들이 가지고 있는 강한 힘을 이용하여 쳐들어가서 빼앗거나 마음대로 헤집어서 꿀꺽하는 짓(일)은 선민도 성민도 뭣도 아닌 그저 조폭, 깡패, 양아치 짓(일)이며 거짓·공갈·사기·협박·조작으로 교묘히 훔쳐가는 도둑·절도·강도에 불과하다는 것을 지나간 수많은 세계사의, 역사의 충분한 통계치와 정보치가 증명하고 있는데도 깡그리 잊어버리며 가볍게 여긴다면 불쏘시개의 섶(에스겔서 21장24~25절,32절)으로도 쓸모가 없게 된다는 것을 기억하셨으면 한다.

 그러므로 이 시점에서 또 반드시 짚어야 할 것은 "이스라엘에게서 난 그들이 다 이스라엘이 아닌 것(로마서 9장6~8절)"처럼 강 건너 불구경하듯이 바라보고만 있는 대부분의 일반 사람들 역시 사람으로 태어났다고 다 사람이 아니라 짐승(인면수심) 옷을 입은, 괴물(7머리 10뿔)의 탈을 쓰고 있는 우리 인간의 민낯(실체)을 똑바로 직시하게 하는 거울로, 경계(디모데전서 1장5절)와 생명의 교훈으로 "창조론(창세기)"에서 아브라함에 관하여 기록해 주셨으므로 절대로 남 얘기, 다른 사람의 흉볼 거리가 아니라 쌍둥이를 보고 있는 것처럼 우리 자신의 더럽고 추하고 부끄러운 얼굴(말)과 몸(행동)을 깨끗하게 씻고 닦아내도록 하게 하시려고 주신 것이 "창조론(창세기)"이기 때문에 그러한 "창조론(창세기)"이 바탕과 토대가 된 "진화론"이라야 초보적(일부분)인 단계에서 벗어나 당당하고 떳떳하며 자신 있고 막힘없이 "완벽한 진화론"으로 나아갈 수 있으며 그러할 때 전지전능하시고 무소불위하신 놀라운 생명의 능력 즉 "스스로 있는 자"이신 하나님만이 소유하고 계신 무한한, 영원무궁한 생명을 옷처럼 덧입어서(고린도후서 5장1~4절) 참된 하나님의 혈통(자손,아들들)이 되어 하나님과 거처를 함께 하는 그곳이 참 형상의 "낙원 곧 가나안, 에덴동산"이 된다는 것을 잊지 마셨으면 한다.

# (16) 틀림이 없는 완벽한 진화론의 공식

 "아브라함"은 알고 보면 현재 종교계(유대교,기독교,이슬람교)에서 알려진 명성보다도 더 많은 가치와 의미를 담아 창조론(창세기)을 비롯한 구약 성경(39권)에서 기록하고 있고 또 못다 한 아브라함에 관한 이야기들을 신약 성경(27권) 여러 곳에서 더욱더 구체적이고 간결하게 논리적으로 설명하여 기록하고 있으며 또한 하나님을 잘 몰라 안 믿고 못 믿는 전 세계 세상 사람들에게까지도 그렇게 "아브라함의 평판"은 이미 다 알고 있는 사실이며 그 중심에 아브라함의 놀랍도록 추진력 있고 결단력 있었던 일은 단연 "가나안을 향한 믿음의 행보"였으며 이로 말미암아 "할례자들(아브라함의 혈통)의 믿음의 조상"이 된 것뿐만 아니라 "무할례자(대부분의 일반 사람들)로서 하나님을 믿게 될 모든 이들의 믿음의 조상(로마서 4장11~12절)"도 되어 실질적으로는 젖과 꿀이 흐르는 낙원과도 같은, 편안하고 평온한 안식(쉼)이 있는 에덴동산과도 같은 "가나안으로 가는 길"을 종교불문, 혈통불문, 성별불문, 나이불문, 장소불문, 능력불문하고 창조주 하나님께로 지음을 받은 사람들이라면 누구에게든지 활짝 열어주셨으며 그리고 생명과 안식과 구원의 통로로서의 "가나안으로 가는 길"을 만들어 주셨으니 쉽게 말해서 이 세상 모든 사람에게도 동등하게 "창조주 하나님의 가나안에 관한 영원한 약속의 주인공"이 되도록 해주셨다는 것을 의미하므로 그렇다면 "선민(選民), 성민(聖民)"의 프레임(틀,관념)에 갇혀서 자기밖에 모르는 이기적인 비열함과 자기중심적인 잔인함만이 남아 있는 그러한 "가나안 땅" 말고, 사람의 끝이 없는 탐심·욕심을 인하여 그야말로 지옥으로 변해버린 그런 "가나안 땅(팔레스타인 지역)" 말고 진짜 참 형상(실물,실체,참뜻)의 "가나안 땅"은 무엇이고 어디에 있는가? 하는 것이니 그곳이 하나님께로 지음을 받은 사람이라면 어느 누구랄 것 없이 들어가야 할 "완벽한 진화론을 향한 관문"이 되기도 하기에 더불어 이렇듯 탐심·욕심에 가득 차 물불을 가리지 않고 상대방에게 민폐와 해(害)를 입히며 똥(죄악)인지 된장(선의)인지 구별하지 않고서 전쟁 같은 죄대로, 악독으로 행하고 있는 우리 사람들을 인하여 자신들의 의지와는 상관없이 허무한 데(쇠하여 죽고 썩어 흙으로 돌아가는 재앙) 굴복하고 있는 다른 피조물들까지도 더는 썩어짐에 종노릇(로마서 8장20~21절)하지 않게 하며 거기에서 벗어나 온전하고 완전하여 완벽한 진화론의 주인공들이 될 수 있도록 길을 터서 안내해 주신 것이므로 이 모든 것을 이미 벌써 깨달아 알았던 아브라함을 인함이며 또한 그러한 아브라함 역시 태어나고 자란 갈대아 우르를 고향이 아닌 잠시 머물렀다가 떠나갈 나그네 집(베드로전서 2장11절)쯤으로 여기고서 멀고도 먼 진짜 본향(고향)인 "가나안"을 향해 과감한 발길을 움직였고 그 믿음이 이 세상 모든 사람의 "믿음의 조상이 되게 한 믿음의 행보"라는 것을 이해하셨으면 한다.

  그래서 "가나안 땅은 무엇이고 어디에 있는가?"를 찾아가기 위해서는 우선 아브라함의 시대로부터 1,000년 흐른 후 모세의 시대에 와서 창조주 하나님께서 마침내 표현하여 주신 "아브라함의 하나님, 이삭의 하나님, 야곱의 하나님(출애굽기 3장15절)"이 무슨 뜻인지를 가장 먼저 알아야 하리니 다시 말해서 아브라함에게는 두 아들 "이스마엘과 이삭"이 있었는데 장자(長子)였던 이스마엘이 아닌 차자(次子)였던 "이삭으로부터 난 자(로마서 9장7~8절)"가 왜 약속의 자녀 곧 하나님의 씨(아들)가 되게 하셨을까? 하는 것이며 또 이삭에게는 두 아들 "에서와 야곱"이 있었는데 장자(長子)였던 에서가 아닌 차자(次子)였던 야곱 즉 "큰 자가 어린 자를 섬기리라." 하시면서 왜 "야곱은 사랑하고 에서는 미워하였다.(로마서 9장12~13절)"라고 표현하셨을까?

　물론 실질적으로 큰 자였던 에서가 탐심·욕심(유익,이익)에 눈이 멀어 어린 자였던 야곱에게 장자의 명분(히브리서 12장16절)을 넘겨준 것이 결정적인 이유였지만 이를 세상(땅)의 이치나 상식으로 보자면 "첫째(장자), 둘째(차자)" 하는 서열(지위)이나 계급(신분)이 무척이나 중요한 문제이며 그러나 하나님 나라(하늘)의 이치(진리,원리)로 보자면 눈에 보이는 서열(지위,직책,직위 등등)이나 계급(신분,직급,계급,등급 등등)은 하나도 중요하지 않고 오직 어디에 있건, 어느 자리에 있건, 누가 되었건, 재력이 많건 적건, 학력이 높건 낮건, 나이가 많건 적건, 권력이 높건 낮건 앞서서 어린 자(부족하고 연약한 사람)를 섬길 줄 아는 그 사람이 큰 자(높은 자)가 되게 하신다는 의미이며 이것이 창조주 하나님 앞에서 참 아들이 될 명분(갈라디아서 4장5절) 즉 가나안(생명,안식,구원)을 향한 영원한 기업을 유업으로 받는 장자(히브리서 12장23절)가 되는 조건이라는 의미이기도 하며 그런데 우리 인간이 이 세상을 살아가면서 서열이나 계급을 전혀 무시하고 살아갈 수는 없는 노릇이기 때문에 그래서 꼭 필요한 마음이 있다면 누가 되었건 먼저 서로 이해하고 존중하고 배려하고 양보해 줄 줄 아는 "선한 양심의 사랑"이 그것이고 겸손하여 긍휼히 여겨서 인내

(참아 기다려 줌,감내,감당)해 줄 줄 아는 선의(좋은 마음으로 하는 옳은 행실)가 그것이니 이러한 사람의 모양(자세,태도)을 창조주 하나님께서는 좋아하고 사랑하신다는 것을 야곱은 아브라함처럼 알고 믿어 행하기까지 하였으므로 "야곱은 사랑하였다."라고 표현하신 것이며 그리고 그러한 "야곱과 같은 사람들의 하나님이 되시겠다."라는 것을 "야곱의 하나님"이라 표현하여 기록하신 것임을 염두에 두셨으면 한다.

하지만 안타깝게도 결국 사람과 사람 사이에 높디높은 담(미움,원망,분노)을 세우고 아주 단단한 벽(비방,무시,갑질)을 만들어 찌르는 듯한 가시(보복,복수,짓밟아 버림)를 돋아나게 하는 "탐심과 욕심"이 가장 큰 걸림돌이었고 또 이 "탐심과 욕심"을 좋게 포장하기 쉬운 "체면과 자존심"이 있어서 체면이 구겨졌는데 어떻게 이해하고 존중하겠는가? 서열을 이용하여 잘라 버리기도 하며 자존심이 상해버렸는데 어떻게 배려하고 양보하겠는가? 계급을 통하여 꺾어 버리기도 하며 체통이 말이 아닌데 어떻게 겸손하여 긍휼히 여기면서 참아 주겠는가? 벼슬 같은 능력(재력,학력,권력,나이,성별의 우월성)을 활용하여 짓밟아 버리고 싶은 것이 바로 우리 인간이 가장 경계해야 할 미친 마음이기 때문에 이는 서로가 서로를 섬기는 것이 아니요 오히려 스스로 하나님(데살로니가후서 2장4절)처럼 높아져서 "높은 자, 큰 자, 많은 자, 뭐든 다 되는 자"라는 것을 과시(이생의 자랑)하는 것이므로 창조주 하나님께서는 이러한 사람의 됨됨이, 마음 씀씀이를 미워한다는 것을 "에서는 미워하였다."라고 표현하여 기록하신 것임을 기억하셨으면 한다.

그러므로 흙(무기물에서 유기물 생명체)으로 지음을 받았다고 하여 사람이 다 사람이 아니라, 사람이 되는 것이 아니라 그 코(숨쉬는 호흡)에 불어넣은 "생기(생명의 기운)"가 있어야 비로소 사람이라, 인간이라 할 수 있으며 생기가 있다는 증거가 바로 서로 이해하고 존중하고 배려하고 양보하는 "사랑", 겸손하여 긍휼히 여겨 인내(참아 기다려 줌,감내,감당) 해 줄 줄 아는 선(좋은 마음)과 의(옳은 행실)의 모습으로 드러나고 나타나게 되며 이러한 모습이 마음과 생각에 정립이 되고 확립이 되어야 마침내 "생령(살아있는 영혼,심령,마음,정신)"으로 지음을 받았다고 할 수 있으며 이것이 창조주 하나님께서 우리 인간에게 선물같이 주신 "마음에 심긴 도(야고보서 1장19~22)"이며 그 최초의 첫 사람이 바로 "아담(불특정 다수의 모든 사람)"이였었고 그러한 "아담"이 등장한 시점이 6,000년 전이라는 것이지 현 인류의 출현 시점은 30만 년 전이라는 과학적 근거를 부정해서는 안 되며 그런즉 "마음에 심긴 도(道)"가 있어야 드디어 전지적 창조주 시점에서의 "온전하고 완전한 인간"이라 말할 수 있으며 그렇기에 사람이라면, 인간이라면 입으로만, 혀로만 말에만 그칠 것이 아니니 말로는 누가 못하겠는가? 솔직·정직·담백하게 행할 줄 아는 선한 양심의 법(도리,윤리,도덕)대로, 양심껏 누가 보든 말든, 알아주든 몰라주든 상관없이 할 수 있어야 비로소 "그 마음에 심긴 도(道)"가 있음을 증명하게 되며 그래야 스스로를 절제하고 제어하고 다스릴 수 있는 능력이 생기는 것이니 그러나 여전히 악독한 마음의 악한 양심을 인하여 이랬다저랬다, 왔다 갔다, 오락가락하는 죄의 종(베드로후서 2장19절)이 되어 널뛰면서 이리저리 이끌려 다니며 제 앞가림도 잘하지 못하고 있다면 그것이 모이고 쌓이고 겹쳐지고 또 서로 얽히고설켜서 언젠가는 어떤 질병이 되었건, 무슨 사고가 되었건, 끔찍한 재해가 되었건 이러한 오류와 부작용으로 다 드러나고 나타나게 되리니….

정리해 보자면 우리 인간의 끝이 없는, 끝을 모르는 욕심과 탐심이 결국 그 취하였던 흙으로 다시 돌아가는 쇠하고 썩고 사망하는 재앙과 저주를 스스로 초래하였으며 이는 우리가 그러하였고 우리의 부모가 그러하였고 우리 부모의 부모가 그러하였고 또 그 부모의 부모가 그러하여서 대대손손 유전처럼 이러한 망령된 행실(베드로전서 1장18절)을 양산하고 생산하는 기업을 유업으로 이어왔으며 그러나 아브라함은 이러한 얼기설기 뭉칠 대로 뭉쳐버린 실타래 같은 인생의 바퀴 속에서 죽은 자(100년 시한부)나 다름없는 우리 인간의 생명을 항상 살아있는 생명으로 옮겨서 나아갈 수 있는 길이 "가나안"이요 또한 그러한 생명의 주인이신 창조주 하나님이 계시는 곳도 "가나안"임을 학자(이사야 50장4절)같이 깨우쳤던 것처럼 우리 역시 모르면 몰랐을까 이제는 알았다면 일깨우고 돌이켜서 고쳐 행할 줄 아는 것도 "가나안"이요 고쳐서 선한 양심의 법인 사랑으로, 선의(善義)로 행할 줄 아는 것도 "가나안"이며 이렇듯 창조주 하나님께서는 우리 인간이 생명 보존의 방법, 생명 항상 유지의 길을 끊임없이 6,000년 동안 알려주시고 전해주시고 가르쳐 주셨는데 왜 우리 사람은 퇴화, 퇴행, 퇴보, 도태를 통한 멸종의 길만을 찾아서 자꾸만 가려고 했던 것일까? "창조론(창세기)"에서의 기록하신 표현 방법이나 말씀 기술(서술)의 수단은 비록 다르지만 "완벽한 진화론"이 반드시 있다는 것을 말하고자 하신 것이 바로 "창조론(창세기)"이므로 이를 꼭 이행해 주실 것을 아브라함같이 믿어야 할 것은 생명 그 자체이고 사랑 그 자체이며 빛 그 자체이며 공평(공정,평등) 그 자체이신 하나님은 언제나 한결같으신 미쁘신(믿음직스러운)(베드로전서 4장19절) 하나님이시기 때문이라는 것을 잊지 마셨으면 한다.

## (17) 십계명이 완벽한 진화론에 미치는 영향

"모세 오경 곧 모세의 율법"은 하늘 위에 있는 하나님의 것(지혜)들을 모세를 통하여 기록하게 하신 "창세기, 출애굽기, 레위기, 민수기, 신명기" 이렇게 5권을 의미하며 이 "모세의 율법"이 BC 1000년경 즉 지금으로부터 약 3,000년 전 모세의 시대에 마침내 법제화, 문서화, 규모화하여 창조주 하나님의 손으로 만드셔서 사람의 손에 쥐여주신 증서(證書)로서의 "하나님의 법전 곧 천국의 법전"이 되겠으며 그런데 그보다 앞선 BC 1750년경(약 3,750년 전)에 사람의 손으로 만들어진 최초의 법전인 "수메르, 함무라비 법전"이 있었기 때문에 대부분의 사람들은 하나님의 손으로 지으신 "모세의 율법"보다 사람의 손으로 만든 "함무라비 법전"이 먼저 나왔다고 여기며 또 그렇게 알고 받아들이는 경우가 많은데….

굳이 따져서 살펴보자면 모세의 율법이 비록 3,000년 전에 수면 위로 드러나기는 했으나 모세의 율법에 포함된 "창조론(창세기)"에서는 모세 이전 1,000년 전의 아브라함의 시대, 아브라함 이전 1,000년 전의 노아의 시대, 노아 이전 1,000년 전의 아담의 시대에 있었던 하나님과 사람과의 관계에 대하여 기록하고 있고 또 그때에는 비록 법제화되고 문서화된 "십계명"과 같은 눈에 보이는 계명은 없었으나 하나님과 사람 사이를 이어주는 연결고리 역할과 묶어두는 기능을 하고 있었던 "하늘 위의 지혜(야고보서 3장17~18절)인 선한 양심의 법"을 사람에게 생기(살아가게 하는 힘)로 불어넣어 주셨고 이를 통하여 생령(창세기 2장7절)이 되게 하심과 동시에 보암직한(안목의 정욕), 먹음직한(육체의 정욕), 지혜롭게 할 만큼 탐스러운(이생의 자랑) 것에 이끌리는 욕심(요한일서 2장16절)에 관하여는 욕심을 성취하고 쟁취하기 위해 때로는 줄 세우고 눈감아 주고 뒤 봐주는 관행을 좇아가게 되기도 하고 또 때로는 줄 세워주고 눈감아 주고 뒤 봐준 것에 대한 보상(보답) 심리가 작용하여 마음에 안 들게 되면 불평과 불만이 섞인 미운 마음에 잘라 버리기도 하고 못마땅한 마음에 꺾어 버리기도 하며 언짢은 마음에 짓밟아 버리기도 하는 악한 양심대로 행하게 되며 그러한 악한 양심이 우리 사람으로 쇠하여 죽고 썩게 하는 재앙을 스스로 초래하여 다시 흙으로 돌아가도록 만들므로 보지도 말고, 만지지도 말고, 붙잡지도(골로새서 2장21~22절) 말라 하시는 "마음에 심긴 도(야고보서 1장21절)"를 선물처럼 주셨으니 그러나 우리 인간은 정욕(욕심에 이끌림)과 정직, 선한 양심과 악한 양심 이 두 가지 마음 사이에서 외줄 타기를 하듯 이랬다저랬다, 왔다 갔다, 오락가락하고 있으며 또한 이러한 마음은 다른 사람들을 만나거나 상대해야 하는 사회생활 속에서 옥신각신, 아웅다웅, 티격태격하는 형태로 더 도드라지게 나타나다가 욕심(성취,쟁취)대로 행하려는 의지 앞에서 순간적으로 선한 양심을 저버리게 되어 결국엔 미워하고 비방하고 무시하며 짓밟아 버리면서 피(보복,복수) 터지는 전쟁 같은 죄대로 악독으로 행하게 되는 그러한 사람 살아가는 일들에 대하여 기록하고 있는 것이 바로 "창조론(창세기)"이고 그러한 일들이 6,000년이 지난 21세기의 오늘날에도 여전히 계속 일어나고 있어서 그때 그 시대 그 세대 사람들과 별반 다르지 않은 "창조론(창세기)"의 연장선상에 우리가 있다는 것을 염두에 두셨으면 한다.

그러니 아무렴 창조주 하나님의 모양과 형상대로 지음을 받은 사람이 그러하신 하나님을 앞서서 무언가를 먼저 만들거나 먼저 할 수 있는 일이 있을까? 그것이 무엇이 되었건 핑계할 수 없음은 시작도 끝도 없이 창세로부터 조물주의 보이지 않는 영원하신 생명의 능력(로마서 1장20절)과 신성(신의 성품)이 그 만드신 사람을 비롯한 피조물들에게도 깃들어 있고 또 그것이 바탕과 토대가 되어 사람의 손으로 만든 물건들도 나오게 되며 또한 어떤 일들(인간사,세상만사)도 일어나게 되는 이치이니 오히려 사람 살아가는 일에 창조주 하나님께서 원치 않는 미워하시는 "찌끼 곧 욕심과 죄악(이사야 1장21~22절)"이 있음을 인하여 관계를 단절시키게 만드는 가로막힌 높은 담(이사야 59장1~2절)이 생겨서 소통(이해,공감)할 수 없게 되었으므로 하나님을 아는 지식에 대하여 자꾸만 오해하고 왜곡하여 변질되는 악순환을 낳고 있는 형국이니….

이 시점에서 또 짚어봐야 할 중요한 것은 하나님 나라 천국의 법전을 모세를 통해 기록하게 하신 이 "모세의 율법" 안에는 사람이라면 반드시 지켜 행하여야 할 율법의 핵심인 "십계명(살인,간음,거짓말,도둑질,탐심을 행하지 말라. 거룩,겸손,경건,공경,사랑을 행하라.)"을 기록하고 있어서 이렇게 법제화한 보이는 증서로 되어 있느냐, 아니면 "창조론(창세기)" 안에 분명히 존재하고 있지만 보이지는 않는 "선한 양심의 법"으로 되어 있느냐 하는 차이만 있을 뿐이며 중요한 것은 문서화된 법이 되었건, 선한 양심의 법이 되었건 이 두 가지 법이 동일하게 양심에 호소하는 지극히 도의적이고 윤리적이며 도덕적인 차원의 "우리 인간의 죄와 악독"에 관한 것들이기 때문에 선한 양심의 법이 눈에 보이지 않는다고 하여 절대로 무시할 수 없음은 사람의 마음속에서 보이지 않는 이 선한 양심의 법이 무너지게 되면 그 어떤 규모화된, 문서화된 온전한 법을 들이댄다고 할지라도 사람의 이런저런 능력(재력,학력,권력,위력,나이 많음,성별의 우월성 등등)을 앞세워서 거짓·공갈·사기·협박·조작으로 둔갑시키거나 악용(오용,남용)할 수 있는 여지가 누구에게나 있으므로 제아무리 훌륭한 법이라도 소용이 없는 무용지물의 법이 되기도 하며 또한 겉으로 보기에 양심에만 호소(권면,권유)하는 것처럼 사소하고 가볍게 보여서 아무렇지 않게 거리낌 없이 죄되고 악한 것들을 행하는 방탕에 방임(에베소서 4장19절)하게 되지만 처음에는 사람의 작은 실수나 잘못에서 시작했을지 몰라도 한 번의 실수나 잘못이 열 번이 되고 열 번이 백 번, 천 번이 되어 학습된 상습이 그때부터는 감각조차 무뎌지고 둔해지게 만들어서 가책 없이 독한 마음으로 악랄한 중죄까지 범하게 된다는 것을 이해하셨으면 한다.

그래서 "일이 힘든 게 아니라 사람과 부대끼는 것이 더 힘들다."라는 말도 있듯이 이는 특정된 어떤 사람만 그러한 것이 아니라 가정에서, 학교에서, 직장에서, 어떤 모임(단체,동호회,동아리 등등)에서, 또는 그 지역에서, 각 나라에서, 이 지구상에 있는 모든 사람 각자의 삶과 생활 속에서 똑같이 일어나는 즉 사람 살아가는 인간사여서 뒤돌아서면 깜박 잊어버리고 또 뭐 하다가 정신 줄을 놓고 까먹어 버리는 불완전하고 미완성된 존재이다 보니 선한 양심을 좇아서 솔직·정직·담백하게 행하기만 한다면야 더할 나위 없는 완성된 온전한 사람(야고보서 3장2절)이 되겠지만 이는 결코 쉬운 일이 아니기에 그 죄와 악독에 대한 최소한의 안전장치 또는 제동 장치로서 주신 것이 바로 "모세의 율법의 핵심인 십계명"이니 그런즉 지켜 행하는 것이 결코 쉬운 일도 아니요 또한 사소하고 가

녑게만 볼 수만도 없으므로 "무슨 일이 있어도(마음을 다하여), 무조건(힘을 다하여), 목에 칼이 들어와도(목숨을 다하여) 계명들을 지켜 행하라.(마가복음 10장25~28절)" 하심에 방점이 찍혀 있으므로 부단히 노력하고 애써야 한다는 의미이며 그 지켜 행하는 계명들이 쇠하여 죽고 썩는 이런저런 질병이나 사고나 재해의 재앙과 저주로부터 보호해 주시는 "생명의 안심 보호막(잠언서 6장20~22절)"이 되어주기에 이제 악한 양심의 죄되고 악독한 것들은 퇴화, 퇴보, 자연도태가 되어야 완벽한 진화의 길로 들어가게 된다는 것을 기억하셨으면 한다.

그러므로 창조주 하나님의 하시는 일에는 반드시 기한이 있고 또 그 기한대로 목적을 이룰 때(전도서 3장1절)가 있으셔서 그 깊이와 길이와 넓이와 높이(에베소서 3장19절)를 우리 인간이 100% 다 헤아릴 수는 없겠지만 창조주 하나님의 모양과 형상대로 지음을 받아 무한한 생명의 능력과 신성(신의 성품)을 닮은 사람으로서 감히 짐작하고 유추하여 헤아려 보자면… 약 3,000년 전에 비로소 법제화된, 문서화된 "율법의 핵심인 십계명"을 주신 취지에는 그때 그 시대 그 세대 사람들이 아닌 21세기의 오늘날을 살아가고 있는 우리들(히브리서 11장39~40절)에게 운명처럼 창조론(창세기)의 3,000년까지 합쳐 6,000년 동안 성경책(39권) 안에서의 사람 살아가는 일들(인간사,세상만사) 속에서 하나같이 멸망하고 패망하며 사망하게 된 이유에 대한 충분한 통계치들, 더 나아가 지나간 고대 인류사에서 하나같이 멸종하게 된 넘쳐나는 정보치들을 거울(고린도전서 10장6절)과 경계(고린도전서 10장11절)와 생명의 교훈(로마서 15장4절)으로 삼도록 주셔서 오직 율법의 계명들을 온전히 잘 지켜 행하는지, 못 지켜 행하는지를 시험(신명기 8장1~2절)하사 우리 인간의 끝이 없는 탐심과 욕심을 인한 패역하고 악독하며 만연한 온갖 죄악 행함이 수많은 오류를 낳고 부작용을 동반하여 각종 질병(염증,암,바이러스,세균 등등)이나 사고(전쟁,살인,압사,붕괴,추락,침몰,익사 등등)나 재해(홍수,지진,가뭄,폭염,인재 등등)에 노출이 되어 결국 파리 목숨처럼 개죽음을 당하는 재앙이 온 지구상에 거하는 모든 사람에게 임할(누가복음 21장43절) 창세로부터 지금까지 없었고 후에도 없을 엄청난 재난과 환난(마태복음 24장21절) 즉 멸종 앞에서 생명과 안식과 구원이 있는 "가나안"에 이르게 하려 하심이요 이것이 "하나님 나라, 천국"의 개념이 되겠으며 또 다른 이름으로 "완전하고 완벽한 진화론"이라 표현하고자 하는 것이니 그러나 현실은 세상의 이런저런 근심과 걱정과 염려, 이러저러한 재리(財利) 유혹(마태복음 13장22절)에 가로막혀서 여전히 자꾸만 새까맣게 잊어버리거나 아예 등져 버리고서 계속하여 죄악대로 행하는 방탕에 방임한다면 아직도 시대를 잘 못 읽고 잘 못 보는 소경이며 제대로 알아듣지 못하는 귀머거리(이사야 43장8절)가 되어 재앙을 스스로 초래하는 형국이 되리니 사람 살아가는 일에 질병(암,바이러스)이 없었던 적이 있었던가? 사고(전쟁,살인,붕괴 등등)와 재해(홍수,지진,가뭄,기근 등등)가 없었던 적이 있었던가? 하지만 "멸종"이라는 재난은 한 번도 없었던 일임과 동시에 단 한 번으로 끝나서 미래조차도 없을, 다시없을 현 인류 모든 사람에게 크나큰 재앙이며 그러나 멸종했던 고대 인류사와 6,000년 동안의 창조론(창세기)을 비롯한 성경책(66권)의 사람 살아가는 이야기들 속에는 분명히 "완벽한 진화(進化)의 길"을 제시하고 있음을 잊지 마셨으면 한다.

## (18) 완벽한 진화론을 향한 가나안의 노정

말이 쉽지 이방 족속인 애굽(이집트) 곧 남의 나라에서 그것도 430년 동안이나 종살이(출애굽기 12장40~41절,사도행전 7장6절)를 한다는 것은 자기 자신의 의지와는 상관없이 그 나라(애굽)의 법 아래에서 아무리 아니꼽고 더럽고 치사해도 무조건 버텨내야 한다는 의미이고 또 430년간 종노릇을 해야 하는 지옥과도 같은 세월은 몇 세대를 나고 죽고, 나고 죽고, 나고 죽고를 하면서 하급 신분으로서의 그 종살이 문화(복종,굴복,굴욕 등등)와 종노릇의 습관(눈치,무기력,자포자기 등등)조차도 몸과 마음에 유전처럼 충분히 스며들고도 남았을 시간이라.

창조주 하나님께서는 그 많고 많은 사람 중에 아브라함을 택하신 이유는 그 수많은 사람 중에 오직 하나님의 부르심(창세기12장1~2절)에 믿음을 갖고서 순종(히브리서 11장8절)했던 사람이기 때문이며 그 순종의 대가는 "할례자(믿는 자)는 물론이거니와 또한 무할례자(안 믿고 못 믿는 자)로서 언젠가는 하나님을 믿게 될 모든 자의 조상(로마서 4장11~12절) 즉 믿음의 조상"이 되는 자격을 주셨으며 그와 동시에 "믿음의 조상"이라는 말의 뉘앙스가 말해주듯 이는 아브라함의 시대와 그 세대에서만 그치는 것이 아니라 천대(시편 105편8~11절) 곧 그의 아들과 또 그 자손, 후손들에게까지 미쳐서 그 혈통들로 "믿음의 후손들"이 되게 하시는 영원한 약속을 해주셨으며 그 영향력은 생명 그 자체이신 창조주 하나님께서 가라고 지시하셨던 젖(생명과 안식과 구원)과 꿀(무한한 생명)이 흐르는 "가나안"으로 들어가 그 땅을 유업으로 얻을 창조주 하나님의 아들이 되게 하시는 "맏아들과 같은 명분(갈라디아서 4장 5~7절)"이었으니 그런데 실질적으로나 현실적으로도 이러한 엄청난 축복과 은혜는 하늘에서 뚝딱하고 떨어지는 것도 아니요 땅에서 불쑥 솟아오르는 것도 아니기 때문에 이 땅, 이러한 세상에서는 상상할 수도 없고 절대로 받아들일 수도 없는 것들이므로 가나안의 본질은 "하나님 나라 천국"이 되겠으며 또한 이 세상에 존재하는 말로 굳이 표현해 보자면 예수께서 십자가에 달려 죽은 후에 돌아가셨던 곳(누가복음 23장43절)이기도 하고 사도 바울(고린도후서 12장4절)도 이끌려서 가 본 적이 있었던 그곳인 바로 "낙원(계시록 2장7절)"이며 영어로 표현해 보자면 "엘도라도(El Dorado)" 정도가 된다는 것을 이해하셨으면 한다.

중요한 것은 아브라함의 혈통(아들,자손)이라고 하여 다 "믿음의 후손들"이 되는 것이 아니라 오직 "이삭으로부터 난 자 즉 약속의 자녀(로마서 9장7~8절)"라야 얻을 수 있는 명분이므로 그렇다면 "이삭을 따라 난 약속의 자녀(로마서 9장7~8절)"라는 말의 뜻은 무엇이고 어떻게 해야 "약속의 자녀"가 될 수 있는지 그 방법을 찾아서 알아야 하리니 다시 말해서 아브라함은 창조주 하나님께서 명하시고 지시하신 땅 가나안에 정착하여 살면서 두 아들 곧 이스마엘과 이삭을 얻었으며 하지만 믿음의 자손으로서 이을 혈통은 "이삭"이었으니 도저히 생명(아들)을 얻을 수 없을 정도로 태가 끊어진 아브라함의 나이 100세에 "하나님은 죽은 자도 살리시며 없는 생명을 있는 것으로 부르시는 생명의 주인(로마서 4장17~20절)"으로서의 그 부르심을 믿는 아브라함에게 아들 이삭을 점지해 주셨기 때문이며 또 이삭에게는 두 아들 곧 에서와 야곱이 있었지만 믿음의 후손이 될 혈통은 "야곱"이었으니 하나님의 택하심의 기준은 항상 "의(義-옳은 행실)로 여기심(로마서 4장23~24절)"에 있었으므로 그런 차원에서 "에서는 미워하시고 야곱을 사랑하셨다.(로마서 9장13절)"라고 표현하심은 "에서"는 최소한 선한 양심의 법인 선(좋은 마음)대로 의(옳은 행실)대로 행하지 않았다는 것을 미루어 짐작할 수 있는 대목이며 그러한 야곱은 12 아들들을 얻었고 그 시대에 살아가고 있었던 가나안 땅에는 아주 오랜 기간 심한 가뭄과 기근(창세기 42장5절)이 들게 되었으며 그런데 이스라엘(야곱의 새 이름)에게는 노년에 얻어서 사랑하고 예뻐했던 아들 요셉(창세기 37장3절)이 있었는데 이런저런 우여곡절 끝에 요셉은 애굽의 총리(창세기 45장26절)가 되었고 그때 요셉의 도움을 받아서 이스라엘(야곱의 새 이름)은 가뭄과 기근을 피하여 아들들과 식구들과 식솔들을 거느리고 애굽으로 어쩔 수 없이 들어가서 살게 되었으며 거기에서 이스라엘의 12 아들들을 통해 생육하고 번성하며 충만(출애굽기 1장7절)해진 이스라엘 민족을 이루었으니….

"이삭을 따라 난 약속의 자녀"라 하심은 쉽게 말하자면 "아브라함과 같은 동일한 믿음을 갖고서 사람이 아닌 하나님께 순종할 줄 아는 하나님의 순수 혈통"을 의미하며 또한 "이스라엘에게서 난 그들이 다 이스라엘이 아니라~" 하심은 육신(혈통)의 자녀가 다 이스라엘(하나님의 백성)이 아닌 약속의 자녀"라야 한다는 뜻이기 때문에 무엇보다 "그 약속의 기준이 되는 것이 무엇인가?" 하는 것을 알아내는 것이 관건이니 다시 말해서 창조주 하나님께서는 가장 먼저 가나안에서의 아브라함과 하셨던 영원한 약속을 기억(출애굽기 2장23~25절)하시고 이를 이행하시기 위하여 마침내 모세를 세웠으며 모세는 애굽 왕이 이스라엘 민족의 영아 박해(출애굽기 1장21절)가 있던 시절에 비록 이집트 공주의 손에 의해 유년 시절을 보내며 40세가 되도록 왕궁에서 고위 공직의 공무원 생활을 하면서 살았으나 어느 날 동족인 이스라엘 사람들의 종살이를 인한 고달픔과 피곤함을 눈앞에서 목격하면서 마음이 아팠으나 그냥 지켜보고만 있을 수밖에 없었다가 어느 날은 그러한 동족끼리 싸우는 것을 보고 말리려다 오히려 뭇매(출애굽기 2장13~15절)를 받고서 미디안 광야로 도망하여 거기에서 80세가 되도록 양치기로 살았으며 그때 이스라엘 백성들의 430년간 종노릇을 하던 고역을 말미암은 부르짖음이 하나님께 상달(출애굽기 2장22~25절)이 되었고 마침내 하나님께서는 아브라함으로부터 1,000년 동안이나 그저 언약으로만 남아있었던 "가나안에 관한 영원한 약속"을 기억하시고 이행하시기 위하여 모세를 호렙산(출애굽기 3장1~4절)으로 불러서 마치 아브라함이 태어나고 자란 갈대아 우르를 떠나 진짜 본향인 가나안으로 들어가기를 명하시고 지시하셨던 것처럼 어쩌면 이스라엘 사람들 역시 비록 430년 동안 종살이는 하였지만 태어나고 자란 애굽을 고향이라고 여기며 살고 있었을 텐데 아브라함이 갈대아 우르에서 가족들과 식솔들을 데리고 나온 것처럼 모세 역시 이스라엘 사람들을 이끌고 애굽에서 탈출하여 가나안으로 들어갈 것(출애굽기 3장8~10절)을 명하셨으니 이는 드디어 무한한 생명 그 자체이신 창조주 하나님과 영원히 거처(요한복음 14낭23절)를 함께할 수 있는 절호의 기회였으며 또한 이스라엘 사람들 입장에서는 무한한 생명(하나님)을 옷처럼 덧입을(고린도후서 5장1~4절) 수 있는 다시없을 좋은 날(베드로전서 3장10~11절)이 되리니 무한한 생명(하나님)의 백성이 되고 또 그러한 생명을 옷처럼 덧입는다는 것은 흙(무기물에서 유기물 생명체)으로 지어진 육체(몸,신체)라서 어쩔 수 없이 쇠하여 죽으며 썩어 다시 흙(유기물 생명체에서 무기물)으로 돌아갈 수밖에 없는 육신의 몸을 이제는 쇠하지 않고 죽지 않고 썩지(부패) 않는 신령한 몸(고린도전서 15장44~49절)으로 옮겨 갈 수 있는 "아주 완벽한 진화(進化)로 가는 길"이 열렸다는 의미이기도 하기 때문에 이렇게 엄청난 하나님 나라 하나님의 비밀(시편 78편2~8절)하신 뜻을 종살이하다가 애굽을 탈출하게 된 이스라엘 사람들이 알았다면, 깨달았다면 별다른 교통수단이 없이도 걸어서 일주일이면 도착할 수 있는 거리였던 가나안을 코앞에 두고서 40년 동안 시내 광야에서 헤매다가 광야에서 다 죽었고 모세(신명기 32장 48~52절)조차도 가나안에 들어가지 못하는 안타까운 일은 절대로 없었으리라.

  정리해 보자면 지금(21세기)으로부터 약 3,000년 전에 일어났던 이 출애굽(애굽 탈출기)의 사건은 알고 보면 모세 율법(창세기,출애굽기,레위기,민수기,신명기)의 창세기(창조론)만을 제외하고 4권을 다 할애하여 성경책에 기록하고 있는 "굉장히 큰 규모의 이스라엘의 역사적인 일이요 사건"이며 그런데 이 4권을 뒷받침해 주기 위해 반드시 필요했던 말씀이 또 "창조론(창세기)"이요 없어서는 안 될 귀중한 단서(端緖)가 되므로 모세의 율법에 창조론(창세기)을 포함한 모세 오경이 된 것이니 중요한 것은 성경책을 단 0.00000001%라도 역사책으로 바라보는 순간, 역사적인 사건으로 접근하는 그 순간 수많은 여느 역사책들과 별반 다를 것이 없어서 강 건너 불구경하듯 바라보게 되는 남의 얘기가 되는 것이고 또 남의 이야기이기 때문에 그저 지나간 역사적인 지식쯤으로만 활용(응용,적용,인용)하게 되며 또한 3,000년 전인 만큼 유물 발굴, 문화재 발굴 차원에서의 시간과 돈을 허비하는 수준에 그치는 "과거형"이 될 뿐이었을 것이니 이를 위하여 하나님께서 성경책을 우리 인간에게 주신 것이 아니라는 것을 절대로 잊지 말아야 하며 그러니 쇠하여 죽고 썩어 흙이 되어서 흔적조차 없이 사라진 그들(이스라엘)은 들러리(표본,견본,본보기)(히브리서 11장39~40절)에 불과할 뿐 이제는 그 현장에 우리 자신이 들어가 있게 하시려고, 매마른 광야와 같은 세상에서 이길 힘을 주시려고 미리 알려주신 말씀임을 염두에 두셨으면 한다.

그러므로 아담의 시대가 끝나고 노아의 세대가 끝난 후 드디어 창조주 하나님과 아브라함의 이 운명인 듯 운명 아닌 듯 운명 같은 만남을 통해 "가나안"을 알게 하시고 또 찾아가기를 명(지시)하셨으며 또한 거기에서 무한한 생명 그 자체이신 하나님의 생명 안으로 들어갈 수 있는 하나님의 자녀(아들들)가 되는 자격과 명분을 주시겠다는 "영원한 언약(창세기 17장7~9절)"까지 하셨으니 그러나 아무에게나 무조건 아브라함의 혈통이라고, 이삭의 자손들이라고, 이스라엘(야곱)의 후손들이라고 하여 뭐든지 다 프리패스로 그러한 자격이 주어지거나 명분을 주겠다는 것이 아니라 "약속의 자녀"라는 조건이 있는데 아브라함과 이 "영원한 언약"을 하실 당시에는 약속만 하시고서 조건(명분)은 알려주지 않으시다가 1,000년이 지난 후 모세의 시대에 와서 애굽을 탈출한 뒤에 가나안 노정에서 반드시 거쳐야 했던 시내 광야(시내 산)를 지나가는 동안 하나님께서는 모세에게 율법의 핵심인 "십계명(죄악-살인,간음,거짓말,도둑질,탐심,욕심-을 행하지 말라. 선의-거룩,겸손,섬김,공경,사랑-를 행하라.)"을 주시면서 이를 지켜 행하는 자에게 이 영원한 언약(신명기 7장6~10절)을 이행하실 것 곧 가나안으로 들이시겠다는 조건부를 모세를 통하여 전하셨다는 것이 요점이니 하지만 가시적으로 드러난 "애굽 탈출"이 본질이 아니라 우리 인간이 탈출해야 할 것이 있다면 역시나 "종노릇하고 있었던 죄와 악(이사야 59장1~2절)"뿐이며 또한 오직 "죄와 악을 행하게 만드는 탐심·욕심의 마음과 생각(영혼,심령,정신)"이었으며 그리고 이 지구상에 있는 모든 사람의 그 탐심·욕심이 얽히고설키며 모이고 쌓이고 겹쳐져 만들어낸 오류와 부작용이 바로 어느 시대, 어느 세대를 막론하고 항상 그래왔듯 질병(암,바이러스) 앞에, 사고(전쟁,살인) 앞에, 재해(홍수,지진,가뭄) 앞에 멸망하고 패망하며 사망하는 재앙을 초래하게 되었으며 이것이 기업이 되고 유전처럼 대대손손 이어져 온 유업(흙으로 돌아감)이 되어 무한 반복하는 윤회의 세상이 되었었으니….

결론적으로 창조주 하나님께서는 처음부터 생명과 안식과 구원이 기업이 되고 유업이 되는 가나안(하나님 나라,낙원,엘도라도)에 들이시려고 우리 사람을 만들어 주신 것이며 하지만 사람이라고 하여 다 사람이 아니라 보이지 않는 "선한 양심의 법(사랑,인애,자비,긍휼,양선 등등)"을 언제 어디서나 어느 자리(지위,위치)에서나 누가 보든 말든, 알아주든 말든 지켜 행할 줄 모른다면 제아무리 철통 보안의 법제화된, 문서화된 눈에 보이는 완전(로마서 13장8~10절)하고 훌륭한 "율법의 핵심인 십계명"을 들이밀더라도 무용지물의 법이 되기 때문에 모세 시대 이전의, 아브라함의 세대 이전의, 노아의 시대 이전의, 아담의 세대에서야 비로소 드러내 주신 "보지도 말고 만지지도 말고 붙잡지도 말라시는 선한 양심의 법"을 생기로 불어넣어 그 "마음에 심긴 도(道)"로 살아가게 하시는 "생령(살아있는 영혼)"으로 만들어 주셨지만 이를 배반(배도,배신)하고서 탐심과 욕심을 좇아 따라가 욕심껏 마음껏 행하기 위하여 물불(죄악)도 가리지 않는 심히 패역하고 진실이 없는 사람(신명기 32장20절)이요 하나님의 자녀(아들들)가 될 수 없는 악독한 세대(신명기 32장5~6절)만 무한 반복하여 그 좋은 날, 좋은 땅(신명기 1장35절)을 보고 싶어도 볼 수 없는 소경이 되고 알아듣고 싶어도 들을 수 없는 귀머거리가 되며 그러니 가고 싶어도 갈 수 없는 앉은뱅이가 되었으니 이러한 소경 됨과 귀머거리 됨과 앉은뱅이 됨에서 빠져나오고 벗어나야 마침내 참 형상의 변이에 의한 적자생존, 자연선택을 통한 "완벽한 진화론"으로 나아갈 수 있다는 것을 잊지 마셨으면 한다.

## (19) 완벽한 진화로 가는 길을 막고 있는 거대한 나무

애굽(이집트)을 탈출하기만 하면 "불행 끝, 행복 시작"일 줄만 알았는데, 종살이하던 애굽(이집트)의 제약과 통제와 속박과 강압의 굴레에서 벗어나기만 하면 드디어 해방과 자유를 만끽하며 생명과 안식과 구원이 있는 젖과 꿀이 흐르는 "가나안 땅"이 서프라이즈 선물처럼 반겨주면서 그리로 들어가게 될 줄 알았는데 산 넘어 산이라니! 생각지 않은 뜻밖의 복병으로 "집도 절도 없고 물도 양식도 나무도 없이 오직 따가운 햇빛, 차가운 달빛, 흩날리는 모래바람만이 존재하는 시내 광야"가 떡하니 기다리고 있을 줄이야. 그래도 그런 시내 광야쯤은 식은 죽 먹기로 아주 쉽게 지나갈 줄 알았는데 자그마치 40년(민수기 14장33절, 32장13절)을 광야에서 헤매다가 결국 가나안을 눈앞에 두고서 다 죽었으니 그 이유는 무엇일까?

미쁘신(믿음직스러운) 창조주 하나님께서는 보이지 않는 성령(聖靈)이시므로 그 영(靈)을 담을 그릇(로마서 9장21~24절)이 필요하셨고 그 성령(聖靈)이 거처로 삼아서 들어갈 집(고린도전서 3장16절)이 필요하셨으며 그래서 모든 만물(이치,섭리,원리,진리 등등)들과 인간을 비롯한 수많은 생명체 곧 피조물들에게 깃들고자(마태복음 13장31~32절) 하여 흙으로 만드셨으며 그중에서도 하나님의 모양과 형상대로 지으시고 또 그러하신 신의 성품을 닮은 우리 사람 곧 현 인류를 6,000년 전에서야 비로소 특별히 그 릇으로 빚을 그 사람의 이름을 "아담(불특정 다수의 사람들)"이라 부르셨으며 또한 거할 집(성전)으로 선택하실 바다 모래알같이 생육, 번성하여 민족을 이룬 그 이름을 "이스라엘"이라 부르셨으니 이렇게 불러주신 목적을 창조주 하나님의 무한하신 생명의 능력과 신성(로마서 1장20절)에 의지하여 감히 헤아려 보자면? 일단 우리 인간을 비롯한 피조물들의 지으심의 근본이 동일하게 다 "흙(무기물에서 유기물 생명체)"에서 시작되었고 그런데 또 "흙(땅의 형체)"의 특성상 다시 아무것도 아닌 "흙(유기물 생명체에서 무기물)"으로 돌아갈 수 있는 사망과 부패의 여지(가능성)가 있기에 이를 "혈과 육의 몸(고린도전서 15장50절)"이라 표현하는 것이며 그런데 "흙"의 기질상 한없이 약하고 비천(보잘것없음)하기만 하므로 흙과 같은 땅의 형체가 아닌 "하나님의 하늘의 형체(고린도전서 15장48~49절)"를 입어야 하고 또 한없이 약하고 비천하기만 한 것이 아닌 "언제나 영광스럽고 강한 것"으로 나아가야 하며 또한 쇠하여 죽고 썩는 혈과 육의 몸이 아닌 "쇠하지 않고 죽지 않고 썩지 않는 신령한 몸(고린도전서 15장43~44절)"의 단계로 끌어올려야 하는데 창조주 하나님께서 우리 인간을 지으실 때 이렇게 할 수 있는 능력(지혜,명철)과 좋은 머리(두뇌)를 선물처럼 주셨고 또 이를 위하여 서로 함께 어우러져 더불어 살아가게 하는 이러한 지혜와 명석한 두뇌(지식)를 뚜렷하고 분명하게 표현할 수 있는 입(말,언어)과 몸(행동)을 만들어 주셨으며 그리고 이 모든 것의 원동력이 되어주는 생기(살아가게 하는 힘)로서 "선한 양심의 법을 마음(심령,영혼,정신)에 심긴 도(정립,확립)"를 주셔서 생령(살아있는 영혼)이 되게 하셨으니 이를 "사람 안에 심령을 지으신 자(스가랴서 12장1절)"라고 표현하는 것이며 더 나아가서 이렇게 온전하고 완전한 모습의 사람으로 세워서 말 못 하고 표현하기 어려운 피조물들의 대장 곧 "만물의 영장"이 되게 하시려고 우리 인간을 선택하셨으며 그 첫 번째 사람, 처음 사람이 바로 6,000년 전에서야 수면 위로 드러난 "아담(불특정 다수의 사람 이름)"이었고 그 후 3,000년 동안 생육, 번성하여 민족을 이룬 "이스라엘"이었다는 것을 이해하셨으면 한다.

그러나 우리 인간을 어리석게(전도서 7장25~26절) 만들고 우둔우매(전도서 7장7절)하게 만들어서 자꾸만 패역하고 완악하게 만드는 것이 있었으니 바로 먹음직스러운 것은 먹고 싶고 먹어야 만족하는 육체의 정욕(욕심에 이끌림), 보암직한 것은 만지고 싶고 손아귀에 넣어야 직성이 풀리는 안목의 정욕(요한일서 2장16절), 지혜롭게 할 만큼 탐스로운 것은 붙잡고 싶고 붙잡아야 성에 차는 이생의 자랑 즉 식욕, 성욕, 물욕, 재물욕, 권력욕, 성취욕, 쟁취욕, 집착욕, 애착욕 등등과 같은 "탐심과 탐욕과 욕심"이 되겠으며 이러한 마음은 또 사람으로 하여금 상석(上席)에 앉아 무슨 벼슬인 양 교만(오만,자만)하게 만들어서 꼬이고 부정적이고 사나운 심성으로 행하게 하며 이를 일명 "선악을 알게 하는 나무의 열매(창세기 2장17절)"라 표현하여 기록하고 있는 것이니 중요한 것은 "선악(善惡)을 되는 일(창세기 3장5절)"이 뭐가 문제일까마는 이러한 "탐심, 탐욕, 욕심"에 이끌리게 되면 우리 사람으로 선한 양심의 법을 보지 못하게 하는 소경(마태복음 13장15~16절)이 되게 하고 또 이기적이고 자기중심적인 다중인격체로 바뀌어서 서로 함께 어우러져 더불어 사는 데 꼭 필요한 이해와 존중과 배려와 양보, 겸손하여 긍휼히 여기면서 인내하는 선의(善義-좋은 마음으로 하는 옳은 행실)에 귀 기울지 못하도록 귀머거리가 되게 하며 더 나아가

"만물의 영장(靈將)"으로서 말 못 하고 표현하기 어려운 피조물들의 든든한 울타리가 되어주어야 하는데 이미 소경 되고 귀머거리가 되어 제대로 걷지도 못하는 앉은뱅이가 된 불완전하고 미완성된 모습인데 누가 누구의 든든한 울타리가 되어주고 버팀목이 되어줄 수 있을까? 오히려 같은 동족 곧 사람이 사람을 공격(불평,미움,원망,분노,비방,무시,갑질 등등)하는 죄를 범하며 서로가 적(보복,복수,테러,전쟁)이 되어 죽고 죽이는, 잡아먹고 잡아먹히는 악독으로 행하게 되어서 이러한 죄와 악독들이 모이고 쌓여서 또 다른 오류와 부작용을 낳아 쌓고 쌓으며 그렇게 쌓이고 모인 오류와 부작용들이 결국 각종 질병(암,바이러스 등등)이나 사고(전쟁,살인 등등)나 재해(홍수,지진,가뭄 등등)에 노출로 연결되어 멸망하고 패망하며 사망하는 재앙을 스스로 초래하게 되는 "악(惡)의 일로(一路)"를 좇아가게 하기 때문이라는 것을 기억하셨으면 한다.

  그러므로 "죽어야 산다."라는 말도 있듯이 무엇보다 이러한 흙(유기물 생명체에서 무기물)으로 돌아가면 그만인 혈과 육의 몸은 죽여서 다스려야(창세기 4장6~7절) 하며 언젠가는 쇠하여 죽고 썩어 부패하는 땅의 형체는 절제하여 비워내야(고린도전서 9장25절) 하며 이렇게 약하디약하고 보잘것없는 비천한 마음은 제어해서 버려야(베드로전서 2장11절) 하리니 이를 "육체와 함께 그 정욕과 탐심을 십자가에 못 박았다.(갈라디아서 5장24절)"라고 표현하신 것이며 십자가에 못 박아서 버리고 비우고 죽여야만이 쇠하여 죽고 썩어 흙으로 돌아가는 약하고 보잘것없는 혈과 육의 몸이 아닌 비로소 쇠하지 않고 죽지 않으며 썩지 않는 강하고 영광스러운 신령한 몸이 되고 그러한 완전하고 완성된 존재로서의 온전한 사람의 그 이름을 "둘째 사람, 마지막 아담"이라 표현하고 있으니 그러나 6,000년 동안을, 아니 더 정확하게 말하자면 30만 년 동안을 이러한 죄악에 종노릇하며 종살이를 하는 애굽에서 살았는데 탈출했다고 하여서 하루아침에 그 죄와 악독이 버려지고 비워지고 죽여질까? 이미 마음과 생각에 고착화하여 유전인자에 새겨질 대로 새겨져 버렸기 때문에 결코 쉬운 일이 아니며 그런즉 버리고 비우고 죽일 수 있는 그 시간(기간)을 지나가게 하시려고 시내 광야로 들어가게 하신 것이므로 이제 "아는 만큼 보게 되고 보는 만큼 느끼게(깨닫게) 되며 느낀 만큼 믿게 되고 믿는 만큼 행하게 된다."라는 말처럼 광야에 머무는 시간을 짧은 일주일로 만드느냐, 아니면 길게 40년으로 만드느냐, 아니 40년보다 더 길게 만드느냐는 하는 것은 우리 사람 각자 각자의 몫이며 그러니 땅(흙)에서의 인생의 연수가 고작 100년에 불과하고 그마저도 질병이나 사고나 재해로 모기 목숨처럼 개죽음을 당하는 일이 많은 인간사 속에서 생명과 안식과 구원을 기업으로 주시는 "가나안"에 들어가기까지는 정신을 차리고 조심 또 조심, 경계하고 또 경계하는 것이 좋으며 이렇게 정신 차려서 조심하고 경계하며 거울과 같이 생명의 교훈으로 삼을 충분한 통계치, 정보치, 경험치를 주시려고 6,000년 전에 창조론(창세기)을 비롯한 성경책(66권)을 기록하여 주신 것임을 염두에 두셨으면 한다.

 정리해 보자면 이러한 창조주 하나님의 목적과 취지를 듬뿍 담은 사람 지으심과 또 그 지으신 사람으로 생육, 번성한 나라(민족) 택하심의 시작(시초)이 바로 "아담(창세기 1장26~28절)"이었으며 그러한 아담, 아담, 아담들로 이 세상에 생육, 번성, 충만, 창대하게 하길 원하셨고 그러한 아담, 아담, 아담들로 말 못 하고 표현하기 어려운 생물 생명체 곧 피조물들을 정복하고 다스리게 하려 하셨으며 더 나아가서 무한한 생명 그 자체이신 하나님은 비록 인간의 눈으로는 볼 수 없는 영(요한복음 4장24절)이시지만 "하나님의 모양과 형상 곧 무한한 생명의 능력과 신성을 닮은 온전하고 완전한 사람"을 만들어서 그러한 사람을 집(성전)으로 삼아 거처를 함께 하는, 생명 그 자체이신 하나님을 옷 입듯 덧입게 해주시려 하셨는데 아담 곧 우리 인간은 "선한 양심의 법으로 마음에 심긴 도(道)"의 명령과 규칙을 어기고 배반하면서 탐심과 탐욕과 욕심을 좇아 그 가는 곳이 결국 "흙(유기물 생명체에서 무기물)"이 될 줄 모르고 다 제 갈 길을 향해 멀리 달아났으니 그러한 우리 인간을 어찌 집으로, 거처로 삼을 수 있을까? 생명 그 자체이신 하나님의 영(靈)이 떠나가게 될 것은 불 보듯 뻔한 일이며 또한 하나님의 영(靈)이 떠나갔으니 생명 안심 보호막(잠언서 6장20~22절)이 사라진 껍데기만 남아 영혼(생령) 없는 육체(몸,신체)는 무방비 상태가 되어 각종 스트레스부터 시작해서 근심·걱정·염려, 미움·원망·불평·불만, 비방·훼방·보복·복수, 테러·전쟁, 두려움·외로움·슬픔·아픔 속에서 시들시들 쇠하여지고 병들어 가는 질병에 시달리며 또한 이런저런 사고로 치명타를 입으며 거기에 불가항력적인 자연 재해까지 보태고 있으니 며칠밖에 살지 못하는 하루살이 목숨, 파리, 모기 목숨이 가볍다고 결코 비웃거나 흉볼 일이 아닌 것은 우리 인간의 목숨도 그들과 별반 다르지 않기 때문이라는 것을 이해하셨으면 한다.

그래서 하나님께서 먹지도 말고 보지도 말고 듣지도 말고 만지지도 말고 붙잡지도(골로새서 2장20~23절) 말라고 하실 때는 결과론적으로 우리 인간이 "끝까지 살아남아 있을 수 있게 하는 변이를 통한 적자생존, 자연선택의 완벽한 진화론"이 성립되나 창조주 하나님이 주신 명령과 규칙을 배반함이 흙으로 돌아가는 퇴화, 퇴보, 도태시키는 구실을 만들어 주었고 이를 인하여 쇠하고 죽고 썩는 사망이 우리 인간의 본질적인 멸망, 패망, 멸종의 원인이 되기 때문에 하지 말라, 하지 말라, 하지 말라고 하신 것인데 슬픈 예감은 왜 틀린 적이 없는지 하지 말라고 하면 더 하고 싶은 청개구리 심보(로마서 7장7~10)가 화근이라서 보지 말라고 하니 더 보암직 더 있어 보이고, 먹지 말라고 하니 더 먹음직 더 맛있어 보이며, 만지지 말라고 하니 더 지혜로움직 더 손아귀에 넣고 싶어지고, 붙잡지 말라고 하시니 더 멋져 보여 집착하게 되는 욕심·욕구·욕망, 탐욕·야욕·탐심의 덫에 제대로 걸려들었으며 이 한순간이 100년 아니 1,000년 아니 인류의 평생을 좌우하여 흙(쇠하고 죽고 썩음)으로 돌아가는 재앙과 저주를 스스로 초래(이사야 3장8~9절)하였고 이러한 불완전하고 미완성된 존재를 하나님께서 지으려 하신 것이 아니라 우리 인간 스스로 올무(전도서 9장 12절)에 걸렸을 뿐이므로 이 모든 것을 절제(버림)하고 제어(비움)하고 다스릴(죽일) 줄 알아서 모두 이기고 벗어난 "마지막 아담 곧 둘째 사람"을 창조하고자 하심이 창조론의 핵심이요 본질이며 이것이 완벽한 진화론의 궁극적인 종착지가 된다는 것을 잊지 마셨으면 한다.

### (20) 완벽한 진화로 가는 길의 변수는 홍수

우리 인간은 세상으로 나오기 전에, 태어나기 직전까지 열 달 동안 엄마의 배 속에 있으면서 체온 유지와 자궁 내 활동과 태아 손상 방지를 위한 물(양수)의 보호를 받으며 자라고 또 거기에서 헤엄치고 발차기를 하면서 놀고 먹고 자고 싸는 생명(삶,생활)의 활동을 하다가 이제 세상 밖으로 나와 태어나면 먹는 음식(분유,모유)부터가 다 물이요 목마르면 또 물을 마시며 목욕하려고 씻을 때도 물에서, 수영하면서 놀 때도 물에서, 하며 하다못해 음식(밥,국,반찬)을 만들 때도 물이 없이는 아무것도 할 수 없고 더 나아가서 이 세상에 존재하는 생명체 곧 말 못 하는 피조물들 역시 물이 없으면 말라서 죽게 되며 "새벽잠을 깨우고 아침을 알리는 이슬과 때마다 시기적절하게 쏟아져 내리는 단비" 하듯이 "물"을 통하여 끊임없이 성장하며 생명의 활동(씨,싹,순,가지,나무,잎,열매 등등)을 하고 있으니 물론 빛도, 공기도, 음식(양분)도 필요하지만 단연 "물"이 압도적이며 이 "물(자연)" 역시 하나님께서 만들어 주신 만물 중의 하나로서 그런데 그러한 물이 어떤 때는 "집중 호우(豪雨), 극한 폭우(暴雨)" 하듯이 어째서 우리 인간을 비롯한 다른 피조물들의 위협적인 존재가 되어 보호를 해주던 것에서 돌변하여 이런저런 홍수(洪水), 붕괴, 침몰, 익사 사고의 피해를 입을 재난(災難), 재해(災害)에 노출이 되어 파리 목숨처럼 개죽음을 당하는 재앙이 되었을까?

　거듭 말씀드리지만 어떤 부모(아버지 하나님)가 자식들(피조물)을 이 세상에 태어나도록 지어주셔 놓고는 낭떠러지로 떨어지길 원하거나 올무(재앙,저주)에 걸려 뒈져버리기를 바랄까? 다시 말해서 전적으로 하나님을 아는 지식(호세아 4장1~2절)이 없어서 멸망하고 패망하며 사망하는 재앙을 스스로 초래한 것이니 즉 첫째, 부모도 족보도 없는 스스로 있는 자이시니 모든 종의 부모(기원,뿌리)가 되시며 둘째, 무한한 생명 그 자체이시기 때문에 죽고 사는 모든 일에 전지전능하신 분이시며 셋째, 사랑 그 자체이시므로 더딘 것이 아니라 고쳐 행하기를 인내(베드로후서 3장9절)하여 참아 기다리시는 것이요 넷째, 보이지 않는 성령이시기 때문에 말도 표현도 하실 수는 없지만 다섯째, 그러나 보이는 말씀(요한복음 1장1절)을 보이는 사람(선지자,예언자,사도)에 주어 하나님의 뜻과 요구를 사람들에게 알리게 하셨으며 여섯째, 그런즉 창조주 하나님께서는 하루가 천 년 같고 천 년이 하루(베드로후서 3장8절) 같아서 이런 숫자는 진짜 숫자에 불과하며 다만 특정하기 위해서 숫자로 표현하신 것뿐이기 때문에 성경책(66권)에 기록된 숫자(12,42,70,430,666,오천,칠천,일만이천,십사만사천,육십만 등등)에 얽매여 거기에 집착하는 것은 어리석은 일이며 또한 이러한 정확한 숫자 같은 것들을 좋아하는 사람들에게는 미혹과 유혹거리가 되어 그 마음을 교묘히 교란하여 호리고 부추기기가 딱 좋은 소재(재료)로 악용하기도 하니 훗날 나타나게 될 참 형상(참뜻,실물,실체)에 대한 상징적인 표상, 표식, 표징이라서 드러나기 전에는 아무도 알 수 없는 이런 껍데기(그림자)에 넘어가지 않길 바라며 이렇듯 "하나님을 아는 지식"은 인간을 비롯한 피조물들의 삶(생활)을 살아가게 하는 매뉴얼이요 지혜인데 하나님을 아는 지식이 없거나 오해함을 인하여 그물(하박국 1장13~17절)에 걸리듯 재앙에 걸리게 되고 또 제대로 올바르게 적용하고 응용하며 활용하는 것이 아니라 사람의 배(재력,위력,이권,패권 등등)를 채우려는 탐심과 욕심이 가득한 마음의 눈으로 바라보는 시각(기준,관점)이 만물 지으심의 근본과 원리를 헤아리지 못하는 소경, 귀머거리, 앉은뱅이를 만들어서 인도(알려주고 가르침)하는 자나 인도함(듣고 배움)을 받는 자나 다 함께 낭떠러지로 떨어지는 형국이 되니 내일 당장이라도 다가올 어떤 재난이나 위험요인에 대하여 철저하게 준비하고 대비하라고 주신 말씀들을 적시 적소에 필요한 자원이나 재원으로 활용하지 못하고 오히려 악용하며 그 지으심의 취지나 근본에서 벗어난 다른 목적(성공)과 목표(성취)를 갖고 오용하고 남용하게 되면서 거기에서 파생되어 나오는 오류와 부작용이 서로 얽히고설키며 또 그렇게 겹쳐지고 쌓여서 어느 순간 폭발하듯 각종 질병(염증,암,바이러스,세균 등등)이나 사고(전쟁,교통,붕괴,압사,침몰,추락,익사 등등)나 재해(홍수,지진,가뭄,기근,폭염 등등)로까지 연결되고 노출이 되어 멸망하고 패망하고 사망하는 재앙을 스스로 자취(이사야 3장8~9절)하게 되었으며 그 중심에 "노아 때의 홍수(베드로후서 2장5절)"가 있었다는 것을 이해하셨으면 한다.

　그래서 선한 양심의 법대로 하는 선(좋은 마음)과 의(옳은 행실)를 좇아서 행하게 되면 안성맞춤으로 알맞게 흘러나와 살아있게 하는 "생수(예레미야 17장13절,요한복음 7장38절)"가 되겠지만 노아의 시대에 창조주 하나님께서 홍수로 세상을 쓸어버려 멸하시는 지경에 이르기까지는 인간의 죄악이 세상에 관영함과 그 마음의, 생각의 모든 계획이 항상 악할 뿐(창세기 6장5~7절)이었기 때문에 인간 스스로가 자초한 것이라 표현하는 것이며 그렇게 항상 악할 뿐인 우리 인간을 인하여 인간의 손(정복,다스림)에 맡겨졌던 아무런 죄 없는 말 못 하는 다른 피조물들 역시 홍수로 멸하시는 해(피해,민폐)를 입게 된 것이므로 그것이 무엇이 되었건 물 흐르는 대로 그냥 따라 흘러가면, 주어진 것에 불평·불만·원망이 아닌 감사함(디모데전서 4장4절)으로 받으면 어그러지거나 틀어지거나 어긋날 일이 없다는 지극히 단순하고 평범한 "만물의 이치(섭리,원리,진리)"조차도 창조주 하나님께서 우리 인간에게 선물처럼 주셨건만 시대 시대마다 스스로 눈이 있어도 알아보지 못하는 소경(이사야 29장9~10절)이 되었고 그 세대 세대마다 있을 위협적인 징조나 위험한 징후의 조짐(누가복음 21장9~11절)들을 끊임없이 알려 주셨는데 귀가 있어도 알아듣지 못하는 귀머거리가 되었으며 그런즉 귀가 닫히고 눈이 막혀서 술 취한 사람처럼 갈지자가 되었는데 어찌 하나님을 찾아서 제대로 걸을 수 있겠는가? 그렇기에 소경 된 것, 귀머거리 된 것, 앉은뱅이 된 것을 고쳐야만 하고 더 나아가서 이렇게 잠자고 있는 죽은 영혼을 깨워서 살려야만(마태복음 11장5절) 그리로 걸어서 들어갈 수 있게 되겠지만 계속하여 탐심·욕심·욕망의 눈으로, 이기적이고 자기중심적인 시각으로 바라본다면 사실 말이 좋아 "젖과 꿀이 흐르고 쉼과 안식이 있는 가나안 땅"이지 가시적으로 눈에 보이는 가나안 땅은 나무도 없고 시냇물도 없이 계곡(협곡)이나 언덕뿐인 그야말로 척박하고 외로우며 메마른 땅으로만 보일 뿐이며 또한 탐심과 욕심에서 벗어나지 못하여 여전히 죄악대로 행하고 있다면 노아의 때처럼 언제든지 홍수로 멸하실 권한은 하나님께 있으며 또한 그러한 차원에서의 "무소불위(無所不爲) 하나님"이시므로 거듭 말씀드리지만 홍수에 빠져 허우적대면서 떨어질 낭떠러지를 기다리고 있거나 뒈져버리기를 학수고대하고 있을 부모(아버지 하나님)는 아무도 없기 때문에 비록 노아 시대의 죄악과 악독이 가득함을 인하여 세상을 홍수로 멸하시는 초강수를 두셨었지만 "비 온 뒤 항상 피어나는 무지개(창세기 9장11~16절)"를 두어 그 지으신 자식(사람)이 다시는 홍수로 멸망하는 일은 없음을 약속하셨고 또 우리 인간으로 기억하게 하셨으니 그러했던 시대가 가고 1,000년이 흐른 후 아브라함의 세대가 도래했을 때에 마침내 하신 "가나안에 관한 영원한 언약(창세기 17장7~9절)"을 인하여 아브라함의 세대가 가고 또 1,000년이 흐른 후 모세의 시대에 와서야 마침내 생육하고 번성하여 바다 모래알보다도 많아진 이스라엘 사람들을 생명과 안식과 구원을 기업과 유업으로 주시는 "가나안 노정"을 기억하시고(출애굽기 2장24~25절) 이행하셨으며 이제는 홍수와 같은 많은 홍해의 물을 갈라 무더기(시편 78편12~13절)같이 나누시고 세우셔서 그리로 지나가게 하시는 이적과 표적을 나타내 보셨으니….

 이 시점에서 또 짚고 넘어가야 할 중요한 것은 일반적으로나 상식적으로나 이치적으로도 제아무리 "홍해의 기적"이라 할지라도 과학적인 중력(重力), 만유인력(萬有引力)을 거슬러서 홍수 물보다도 더 많은 홍해 바닷물이 하나님께서 명령하신다고 하여 물러가서 급히 마른 땅처럼 될 수 있을까? 또 어찌 바닷물이 무더기같이 나누어져서 세워질 수 있을까? 어찌하여 바닷물이 갈라져서 좌우로 벽이 되어 그리로 걸어 다닐 수 있는 육지(출애굽기 14장21~30절)가 될 수 있으며 그리고 이스라엘 사람들은 그리로 지나가게 하시되 애굽 사람들(바로의 군대)은 또 어떻게 그 바다 한가운데서 엎으시며 병거들과 기병들을 덮어버려서 죽게 하셨을까? 말하고자 하는 요점은 "우물물, 수돗물, 강물, 홍수물, 바닷물" 하는 이러한 물만 있었던 것이 아니라 45억 년 전 이 지구가 생성될 때에 물을 비롯한 자연의 만물(빛,불,공기,산,섬,육지 등등)은 이미 존재하여 항상 있었기 때문에 그러한 물의 창조하심(창세기 1장9~10절)에 관하여 말하고자 하심이 아니니 창조주 하나님께서 보이지 않는 영(靈)이시므로 우선 우리 인간의 영(靈) 곧 육체의 더러움을 씻는 그러한 물에 빗대어 마음(영혼,심령,정신)을 씻고 닦아 깨끗하게 하여 "선한 양심"이 되게 하는 물 즉 마음을 깨끗하게 만들어 주는 "하늘 위의 지혜(야고보서 3장17~18)를 물"이라 표현하신 것이며 이를 "궁창 위의 물(창세기 1장6~7절) 곧 상수(上水)"라고도 하고 "하늘에 속한 형체(고린도전서 15장40절,48~49절)"라고도 하며 또한 모든 것은 상대적인 것이므로 그렇다면 "궁창 아래의 물 곧 하수(이사야 50장2절)"도 있다는 의미로써 이를 "세상적이고 정욕적이며 마귀적인 땅(세상)에 속한 형체(야고보서 3장14~16절)"라고도 하고 "악한 양심(히브리서 10장22절)"이라고도 하니 그런즉 이 물이 되었건 저 물이 되었건 이러한 "물이 있는 곳은 어디까지나 사람의 마음(영혼,심령,정신)속"이 되며 또한 그 마음과 생각 속을 이런 물로든, 저런 물로든 만들(정립,확립) 수 있도록 하는 매개체는 "말(글,text)"이 되겠고 그러한 "말과 글"을 가장 많이 담고 있는 것이 이 세상에 존재하는 모든 "책"이 되겠으며 그 중심에 "성경책(66권)"이 있으니 그런즉 그 어느 때보다도 "정보의 홍수"가 쏟아지고 흘러넘치는 시대 곧 21세기 오늘날을 "노아의 때와 같다.(누가복음 17장26~27절)"라고 표현하는 것이 맞는 것이며 그러한 홍수 속에서 노아와 그 식구들을 구원하신 것처럼 무한한 생명 그 자체이시며 그 무한한 생명의 능력을 우리 인간에게 주고자 하시는 "구원의 상수(베드로전서 3장20~21절)"는 반드시 존재하기 때문에 가시적으로 드러나 보이는 노아 때의 홍수의 물이나 모세 때의 홍해의 물이 본질이 아니라 땅에 속한 형체의 하수 즉 홍수나 홍해의 물에 빠져서 멸하여지는 사람은 그 마음의 생각이 항상 악하기만(로마서 3장10~15절) 한 악한 양심을 인하여 스스로 빠져서 스스로 멸망하고 패망하고 사망하는 재앙을 초래하였던 것이며 그러나 그러한 노아 때의 홍수와 같은, 모세 때의 홍해와 같은, 즉 하수(下水)를 갈라서 나누어 세우시기를 벽처럼 하시고 무더기같이 하셔서 그리로 마른 육지를 걷는 듯 지나가게 하실만한 힘과 능력이 있는 선한 양심의 물이 스스로 생명과 안식과 구원을 주시는 하나님(가나안)을 찾아가게 한 것이므로 이는 전적으로 우리 자신이 선택해야 할 몫이기 때문에 우리는 과연 어떤 변이를 통하여 적자생존을 해야 하며 어떻게 해야 자연선택을 받아서 완벽한 진화(進化)의 길로 갈 것인가? 하는 선택의 기로에 서 있음을 염두에 두셨으면 한다.

정리해 보자면 그러나 홍해를 어쨌거나 기적처럼 건너갔다고 하여 모든 것이 끝난 것도 아니며 끝날 때까지는 끝난 것이 아니니 왜냐하면 현 인류가 출현한 이래로 탐심·욕심에 홀리고 꾀여서 이끄는 그 이끌림대로 살아온 것이 인류사이고 또 그 탐심·욕심을 쟁취하고 착취하기 위해 치고받고 물고 헐뜯으며 짓밟아 버리고 피(보복,복수) 터지는 전쟁 같은 죄와 악독을 행하여 온 것이 인간의 흑역사인데 어찌 하루아침에 물로 씻기거나 닦아져서 깨끗하게 될 수 있을까? 마지막 관문인 "시험(신명기 8장 1~2절)"이 남아있었으니 눈에 보이지는 않으나 분명히 존재하는 "선한 양심의 법으로 마음에 심긴 도(道)"가 그것이며 또한 마침내 모세의 때에 눈에 보이는 법제화된, 문서화된 "율법의 핵심인 십계명"이 바로 그것인데 먼저는 누가 보든 말든, 알아주든 못 알아주든 선한 양심의 법을 좇아서 언제 어디서나 어느 위치(지위)에 있든지 서로 헤아려 이해하고 존중하고 배려하고 양보할 줄 아는 사랑으로 행하며 또 겸손하여 긍휼히 여기면서 하나님이 우리 인간을 향하여 부단히 참아 기다려주셨듯이 인내할 줄 아는 선의(좋은 마음으로 행하는 옳은 행실)로 행할 줄만 안다면 "십계명(누가복음 10장25~28절,로마서 13장8~10절,갈라디아서 5장14~15절,야고보서 2장8~12절)"을 지켜 행하는 것은 "식은 죽 먹기"로 아주 쉬운 일이 되기 때문에 지켜 행하는지, 안 지켜 행하는지가 생명과 안식과 구원을 기업으로 주시는 "참 형상의 가나안"으로 들어가느냐, 못 들어가느냐를 판가름하게 되므로 홍수의 물에서 천신만고 끝에 살아남은 것으로, 홍해의 물을 건너 기사회생하여 살아남게 된 것이 끝나는 것이라면 한 세대(노아의 때)가 가고 또 다른 한 세대(아브하람의 때)가 오는 일을 반복하는 일은 없었을 것이며 또한 모세의 때에 시내 광야에서 이스라엘 사람들이 다 죽고 여호수아 시대의 뒤를 이은 사사(판관) 시대가 열리지는 않았을 것이라.

그러므로 애굽에서 홍해를 건너 시내 광야를 지나 가나안에 도착하기까지는 겨우 200㎞밖에 되지 않고 교통수단이 없다고 할지라도 사람 걸음으로 일주일이면 도착할 수 있는 거리인데 40년을 광야에서 헤맸다는 것은, 정탐꾼들(신명기 1장22~25절)을 가나안 땅에 보낸 일도 있었는데 길을 모르는 것도 아니니 그래도 또 양보하고 양보해서 길을 잘 몰라 1년 정도는 헤맬 수 있다고 쳐도 자그마치 40년을 광야에서 빙빙 맴돌기만 했다는 것은 눈에 보이는 "가나안"이 그 "가나안"이 아니라는 것을 학자(이사야 50장4절)같이 깨달아서 잡아내셔야 하리니 눈에 보이는 것이 전부가 아니라는 것을, 마음(영혼,심령,정신)의 눈으로 봐야 비로소 보이고 드러나고 나타나게 되는 것도 분명히 있기 때문에 더욱이 최첨단을 달리는 21세기가 되도록 아직도 하나님께서 이루지 못하신, 성취하지 못하신 가나안에서의 안식할 날, 안식할 때(히브리서 4장7~11절)가 우리 시대와 세대에 남아있다면, 그 구원의 날(히브리서 11장39~40절)이 우리 앞에 바짝 다가와 있다면 노아 때의 홍수 사건, 모세 때의 홍해 사건과 같은 일들은 그저 역사적인 상황·사건·사고에 대한 사실들을 전달하고자 하시는 역사적 지식이 아니라 철저하게 미리 준비케 하고 대비케 하는 예언적인 거울과 경계(고린도전서 10장11절)와 생명의 교훈(로마서 15장4절)임을 잊지 마셨으면 한다.

## (21) 완벽한 진화론을 불리하게 만들었던 불

"창조론(창세기)"을 비롯한 성경책이 6,000년을 걸쳐서 창조주 하나님의 뜻과 마음, 계획과 목적을 기록하신 "신(神)의 책"이라고는 하지만 자세히 읽어보면 온통 우리 인간이 이 세상을 살아온 세상사(世上事), 살아가고 있었던 인간사(人間事)에 관하여 빈틈없이 빼곡히 기록하고 있으며 그래서 그 안을 좀 더 자세히 살펴보면 대부분이 다 창조주 하나님의 모양과 형상(창세기 1장27절) 곧 "신의 성품(베드로후서 1장4~7절)"을 온전히 닮지 못한 우리 인간의 부족하고 부끄럽고 못나서 불완전하며 미완성된 마음(심령,영혼,정신)의 모습(자세,태도) 때문에 무한한 생명의 능력(로마서 1장20절) 안에 이르지 못하고 있었던 것에 대하여 "돌아오라.(예레미야 25장4~5절) 돌아오라.(스가랴서 1장3~4절)" 하시는 한탄과 탄식의 내용들 뿐이며 이러하셨던 창조주 하나님의 마음을 처음으로 알리시고 전하기 시작하신 시점이 "아담(불특정 다수의 사람)"이라는 사람을 통한 6,000년 전이라는 것이므로 우리가 태어나기도 전 아주아주 까마득한 옛날 옛적이지만 6,000년 전 그때나 21세기의 오늘날이나, 에덴동산 거기나 지금 우리 자신이 서 있는 여기나 별반 다르지 않아서 아직도 그 연장선상에 있으니 이 지구가 생성된 45억 년 이래로 한 시대와 세대는 가고 또 다른 한 시대와 세대가 오기(전도서 1장4절)를 무한 반복하면서 우리 인간의 삶의 활동 즉 먹고·자고·싸고 입고·놀고·싸우는 일 역시 무한 반복 이어지면서 누가 가르쳐 준 것도 아닌데 약속이나 한 듯이 어쩜 그리 똑같은 일상의 세상사인지 전쟁이 없었던 적이 있었던가? 질병이 없었던 적이 있었던가? 살인이 없었던 적이 있었던가? 그리고 홍수, 지진, 가뭄, 기근이 없었던 적이 있었던가?

이미 있었던 이러한 세상사가 후에 다시 또 있었고 이미 했었던 인간사들을 후에 다시 할 뿐이며 그런즉 새로울 것(전도서 1장9~11절)이 전혀 없는 세상만사, 인간사 별별 일들이 다 일어나고 벌어졌으나 이 지구와 이 세상은 늘, 항상 그 자리에 있었으니 다시 말해서 이 지구 자체가 멸망하는 일은 절대로 없다는 의미이며 다만 고대 인류들이나 대형 생물들(공룡,매머드)의 멸망과 그 멸망을 넘은 멸종이 있었을 뿐이고 이러한 멸망과 멸종에 대하여 학계(역사학,지질학,생태학,생물학,생명공학 등등)의 전문성으로 지나가 버린 오래전의 세상사, 인간사들을 애써 찾아보고 살펴보고 연구하게 되면서 서서히 멸종하게 된 이유나 원인이 밝혀지고 있었을 뿐이지 전문지식이 없는 대부분의 일반 사람들은 치열하게 먹고사는 일이 바빠서 이전 세대에 있었던 일들조차 기억하지 못하기 때문에 그 후 세대나 장래(내세)도 미루어 짐작할 수 없고 또 한 치 앞도 예상할 수 없으므로 우리 자신이 태어난 오늘날의 일어나는 일들이 그저 새롭게 느껴지고 처음 경험하고 처음 당해보는 사건·사고인 것처럼 여겨질 뿐이니 이 모든 것을 함축적으로 압축앱과 같이 기록해 주신 것이 바로 "창조론(창세기)"을 비롯한 성경책(66권)이기 때문에 그 무엇보다 찾아보고 알아보고 살펴보고 부지런히 연구(베드로전서 1장10~11절)해야 할 대상이며 중요한 것은 창조주 하나님께서는 그러한 세상사, 인간사들을 통해서 우리 사람들이 돌아오도록 하기 위한 무엇을 전해주셨고 어떤 것을 알려주고 싶으셨던 것일까?

  이를 우리 사람의 입장에서 바꾸어 말해보자면 성경책이 66권이지만 "창조론(창세기)"을 다른 성경책 65권 안에 쫙 펼쳐서 조목조목 구체적이고 논리적으로 설명하여 기록하고 있는 6,000년간의 기록들이라고 한다면 그것이 무엇이 되었건 무언가를 찾아내거나 잡아(catch)내거나 짐작하고 유추해 볼 수 있는 너무나 충분할 정도의 정보치를 확보한 셈이 되고 또 이 정보치만큼의 일정하고 한결같게 반복되는 일들의 차고 넘치는 통계치도 보유한 셈이 되며 그리고 이러한 정보치와 통계치를 통한 알짜배기 경험치도 득템한 것과 다름이 없어서 앞으로 우리 인간에게 닥쳐올 재앙(신명기 28장58~62절)이나 저주(다니엘서 9장11~14절)를 피할 방법을 제시해 주고 있으니 이를 통하여 우리 인간이 제대로 온전히 세워지기만 한다면 더불어 정복하여 다스리라(창세기 1장28절)고 주셨던 만물(이치, 섭리, 원리, 진리)과 피조물들은 자동적으로 자연스럽게 따라오게(로마서 8장19~23절) 되며 또한 성경책에 기록된 6,000년간의 인간사가 그러했으면 고대 인류사를 비롯한 6,000년 전 그 이전의 30만 년 동안의 현 인류사는 오죽했을까? 하는 차원에서 일정하고 한결같게 반복되는 인간사의 패턴에서 획일적으로 보여주고 있는 것은 단연 온갖 "탐심과 욕심"이며 그것이 끝이 없고 끝을 모르는 중독성이 있다는 특징을 인하여 "미친 마음(전도서 9장3절)"이라 표현하시는 것이며 그렇기에 다 헛되고 헛되어 잡히지도 않는 바람(전도서 1장14절)을 잡으려는, 뜬구름을 잡으려는 미친 짓(전도서 9장3절)이요 미련하고 어리석은 일(전도서 7장25절)이라서 이를 쟁취하거나 착취하기 위하여 때로는 거짓·공갈·사기·협박·조작도 마다

하지 않고 또 때로는 치고받고 물고 헐뜯고 짓밟아 버리며 피(보복,복수) 터지는 전쟁도 불사하면서 우리 인간은 그 생기(살아가게 하는 힘)를 거부하고 생령(살아있는 영혼)을 거절하는 죄대로 악독대로 행하여 왔으니 그 스트레스나 마음의 불같은 부아(분노,노여움)가 결국 더욱더 노쇠하게 만들거나 질병(염증,암,바이러스,세균 등등)에 걸릴 수밖에 없는 구조이고 또한 끊이지 않는 사건·사고·문제(전쟁,살인,교통,붕괴,압사,침몰,추락,익사 등등)가 항상 따라올 수밖에 없는 형국이며 그리고 주어진 넘쳐나는 자원이나 재원을 인간의 탐심·욕심을 채우는 데 거의 올인하듯 사용하기 바쁘다 보니까 정작 재해(홍수,지진,가뭄,기근,폭염 등등)의 재앙 앞에서는 대비하거나 준비하지 못한 속수무책으로 개죽음을 당하는 저주 아래에 있는 이러한 우리 인간사, 세상만사를 "아담(불특정 다수의 사람)"이라고 하는 사람을, "이스라엘"이라는 나라(민족)를 콕 짚어 특정하여 그들에 빗대어 기록해 놓은 것이 "창조론(창세기)"이고 성경책(66권)이기 때문에 강 건너 불구경하듯 하는 남의 얘기가 절대로 아니라는 것을 염두에 두셨으면 한다.

그래서 무엇이든지 시작하는 한 번이 어렵지 한 번이 열 번이 되고 열 번이 백 번이 되듯이 습관처럼 상습이 되면 감각(마음,생각)조차도 무뎌지고 둔해져서 죄를 죄라 여기지 않고 단순한 실수로 여기며 또한 악함을 악독이라 느끼지 못하고 가벼운 잘못으로 받아들여 행하였던 것들이 80억 개(세계 인구)가 모이면 쌓이게 되고 또 쌓이고 쌓이면 겹쳐져서 어느 순간 폭발력을 가진 무거운 "범죄(犯罪)" 곧 사고나 사건을 넘어선 피(보복,복수)를 부르는 테러와 전쟁으로 이어져 다 같이 죽자는 것밖에 안 되므로 이러한 것들을 정조준하여 겨누고 있는 장본인이 우리 인간을 이런 모양, 저런 모양으로 쇠하여 죽고 썩게 만드는 사망의 재앙(고린도전서 15장55~56절)이기 때문에 그 저주(다니엘서 9장11절) 아래에서 무한 반복하는 악순환의 쳇바퀴를 돌고 도는 시대와 세대를 보여주고 있는 것이 바로 아담의 시대, 노아의 세대, 아브라함의 시대, 모세의 세대, 사사의 시대, 선지자의 세대, 사도들의 시대, 그리고 오늘날의 21세기 시대가 되겠으며 이 역시 표현 방법만 다를 뿐이지 전부가 사람 살아가는 세상사의 한 부분이며 또한 고작 100년을 살아가면서 이마저도 파리 목숨처럼 개죽음을 당하는 인간사였다는 것을 이해하셨으면 한다.

　이 시점에서 또 거듭 짚고 넘어가야 할 중요한 것은 똑같이 다 흙(무기물에서 유기물 생명체)으로 말미암았으니 또 전부 다 흙(유기물 생명체에서 무기물)으로 돌아가는 이러한 윤회와 환생을 쳇바퀴 돌듯 무한 반복하여 돌고 도는 현상은 자연의 이치(섭리,원리)도 아니요 그렇기에 이러한 변이에 의한 적자생존, 자연선택이 진화(進化)가 아니며 이러려고, 이러라고 창조주 하나님께서 우리 인간을 비롯한 다른 피조물들을 지으신 것이 아니니 그런데 이 지구상의 생명체들을 비롯한 우리 인간의 멸망, 패망, 사망은 물론이거니와 이를 뛰어넘어 그 뒤에 드리워진 멸종의 두려운 그림자가 서서히 다가오고 있는데도 마치 폐암 말기 환자가 곧 죽게 될 줄 알면서도 담배를 피우고 싶은 욕망을 버리지 못하고 계속 피우는 것처럼, 간암 일주일 시한부 판정을 받은 사람이 더 먹으면 죽을 줄 알고도 음주의 유혹을 이기지 못하여 계속 술을 마시는 것처럼 끝이 없는, 끝을 모르는 탐심·욕심에 중독된 것을 버리지 못하고 이겨내지 못한다면 죽을 줄 알면서도 본능적으로 불 속으로 뛰어드는 불나방과 무엇이 다르다고 말할 수 있을까? 우리 인간은 본능으로 아는 그것(유다서 1장

10절)으로만 살아가도록 지으신 것이 아니라 그렇게 하면 안 되는 것은 더는 나아가지 못하도록 절제(고린도전서 9장25~27절)할 수 있는 힘이 있고 또 아닌 것은 아닌 것에 맺고 끊을 수 있는 제어(베드로전서 2장11절)할 용기가 있으며 또한 금방이라도 다 싸질러 버릴 것 같은 불같은 마음을 다스릴(창세기 4장5~7절) 줄 아는 통제·관리 시스템(마음) 역시 창조주 하나님께서 선물처럼 주셨으므로 얼마든지 지금보다는 뭔가 새롭게 완전히 변화된 획기적인 세대가 될 수 있는 희망과 기대가 있다는 것을 기억하셨으면 한다.

이렇듯 이 모든 "세상만사(世上萬事), 인간사(人間事)"를 헛되고 헛되게 만들어 버리며 또한 말짱 도루묵이 되도록 만들었던 근본적이고 본질적인 원인은 우리 인간의 끝이 없는 욕심·욕구·욕망과 또 그러한 것들이 바탕이 된 정상적이지 못한 미친 열정들과 이러한 미친 열정들에서 비롯된 미련하고 어리석은 이상한 집착과 애착들이 얽히고설켜서 우리 인간 스스로가 자초(이사야 3장8~9절)한 재앙이며 스스로 초래한 저주의 결과이지 조물주께서는 이러한 결말에 도달하게 하려고 생육, 번성, 충만하게 하시는 복(福)을 주신 것도 아니며 이 정도밖에 안 되는 인간으로 남게 하시려고 말 못 하는 피조물들을 정복하고 다스리게 하려 하신 것도 아니기에 탐심·탐욕·욕심이 불러온 6,000년 동안의 재앙, 아니 30만 년 동안의 저주 아래에서 일어나는 현상들은 우리 인간만이 천적이 없이 혼자 모든 것들을 독차지하는 독식 수준이며 또한 주인(마태복음 21장34~41절)은 따로 있는데 주인 행세를 하면서 오용·남용·도용하여 함부로, 마구잡이식으로 사용·활용·응용하는 그저 깡패처럼 정복하는 데만 온 신경을 쏟고 있었으므로 이제는 멸망하고 패망하고 사망하는 재앙을 넘어선 멸종하는 저주 앞에 길고도 긴 내용의 청구서만이 기다리고 있으니….

　아브라함은 처음부터 "하나님이라는 신(神)"을 알았거나 믿었던 것이 아니라 오히려 고향인 갈대아 우르에서 아버지 데라를 따라 자연스럽게 우상 숭배(여호수아 24장2~3절)를 하였을 것이며 그런데 아브라함은 일찍이 "죽은 자를 살리시며 없는 것을 있는 것같이 부르시는 이(로마서 4장17~24절)"가 있는데 그분이, 그 자체가 "하나님"이심을 알게 되었고 학자(이사야서 50장4절)같이 깨달았으며 깨달았기 때문에 믿게 되었으니 이러한 하나님을 아는 지식(지혜) 한 개만 알게(깨닫게) 되어도 진짜 본향은 따로 있다는 확신에 이르게 하며 또한 육신(흙)이 태어나고 자란 고향 갈대아 우르를 떠나야(욕심에 대한 미련을 버려야)만 하는 가장 비중 있는 이유였으며 그런즉 깨달아 알아서 믿기만 하고서 아무것도 하지 않는다면 모르는 것이나 다름없고 또 나이는 숫자(수치)에 불과하므로 하나님께서 젖과 꿀이 흐르고 쉼과 안식의 복(福)을 명하신 "가나안"을 향하여 90세(창세기 16장3절) 다 늙은 나이에 혈혈단신(이사야서 51장2절)의 믿음으로 식구들과 식솔들을 이끌고서 과감하게 고향인 갈대아 우르를 떠날 수 있었으며 비록 부모님은 하란 땅(창세기 11장31~32절)에서 흙이 되셨으나 그 땅을 거쳐서 마침내 "가나안(창세기 12장4절)"으로 들어가게 되었으니 하지만 아브라함 역시 사람인지라 좋은 것(축복의 땅 가나안)이라면 혼자 독차지하고 싶은 욕심이 왜 없었을까마는 아브라함은 조카 롯(창세기 12장5절)의 가족들과 그 식솔들까지 챙겨서 함께 데리고 가나안으로 들어갔었던 이 하나의 행동(행위) 안에는 "사랑(이해,존중,배려,양보,겸손,긍휼,희생 등등)"이 다 들어있으며 이 역시 "사랑 그 자체가 하나님(요한일서 4장16절)"이심을 아브라함은 이미 알고 있었다는 의미이며 그리고 아브라함의 식솔들과 롯의 식솔들이 다투는 것을 막기 위하여 서로 시기하여 다투고 요란스럽게 싸우는 모든 악한 일은 하수(下水) 곧 땅의 형체이기 때문에 아브라함은 에덴동산 같은 기름지고 넉넉한 땅 소돔과 고모라를 롯의 가족들과 식솔들에게 양보(창세기 13장5~12절)하기까지 하였으며 이것 역시 사랑에서 비롯된, 사랑을 몸소 실천하여 옮기는 것 그 자체가 하나님이라는 깨달아 믿었고 그 믿음을 행동으로 옮긴 것이니….

 정리해 보자면 그것이 누가 되었건, 아브라함의 할아버지라고 할지라도 창조주 하나님의 모양과 형상(창세기 1장27절) 곧 "신의 성품(베드로후서 1장4~7절)"으로 온전히 닮지 못하고 그렇게 만들어(정립,확립)지지 못한다면 마치 하자(瑕疵)가 있는 그릇처럼 거기가 어디가 되었건, 어느 지위(위치)에 있건, 어떤 시대나 세대가 되었건 항상 욕심·욕구·욕망을 인한 치고 박고 물고 헐뜯고 짓밟아 버리며 피(보복,복수) 터지는 전쟁 지옥, 죄악 지옥이 성행하기 마련이며 그러한 스트레스 지옥이 불같은 마음의 부아(분노,노여움)를 만들어서 멸망하고 패망하고 사망하는 재앙으로 몰고 가며 더 나아가서 멸종의 그림자를 드리우게 하리니 결국 하나님을 아는 지식 곧 진리를 구하는 자, 구하여 돌아오는 단 한 사람(예레미야 5장1장)을 찾고자 하신 것이 "창조론(창세기)"을 비롯한 성경책(66권)을 기록하신 취지와 목적이시기 때문에 아브라함의 시대에서는 그 한 사람이 없어서(창세기 18장22~33절) 롯이 살고 있었던 소돔(고모라)성을 불과 유황(창세기 19장24~29절)으로 다 멸하셨으며 이는 단순히 역사적인 사실에 대한 지식을 알리고자 하심이 아니라 오늘날 21세기 시대를 또 "롯의 때(누가복음 17장28~30절)와 같다."라고 한다면 사람의 불같은 마음이 오히려 자기 자신을 폭주하여 태워버리는 재앙을 자초하게 되므로 이제는 하나님을 아는 지식(베드로후서 3장17~18절)에서 자라나 몸(육신,흙)이 아닌 마음이 진정 장성한 어른이 되어 닥쳐올 충격(재앙,저주)에서 살리고자(욥기서 33장4절) 하여 철저하게 미리 알려주시고 전하여 주신 예언의 말씀이라는 것을 잊지 마셨으면 한다.

## (22) 완벽한 진화(進化)의 외통수는 막막한 광야

　소심하고 겁이 많았던 모세(출애굽기 4장10절,13절)는 430년간 종살이했던 애굽(이집트)에서 탈출하는 일이 절대로 불가능할 것이라 여겼지만 소안들(나일강 삼각주의 북동 지역에 있는 중요한 도시)에서 베풀어 보이시고 이행하신 하나님의 놀라운 이적(시편 78편43~50절)을 경험했던 모세는 용기를 얻어 이스라엘 백성들을 이끌고 애굽 탈출을 시작하였으며 그러한 모세와 함께하신 하나님께서는 마침내 홍해를 벽처럼 갈라서 무더기(시편 78편13절)같이 세우시고 그리로 이스라엘 백성들이 지나가게 하셨으니 젊고 힘 좋은 장정(壯丁)만 60만 명(출애굽기 38장26절)이 족히 넘었으니까 그들의 부모님과 어린 자녀들까지 합치면 최소 애굽을 탈출한 사람이 150만 명이 훨씬 넘었을 것이며 그러나 사람의 살아가는 세상사에는 항상 내 마음 같지 않은 뜻밖의 상황도 생기고 또 생각지도 못했던 이슈를 인하여 마음먹은 대로 되지 않는 경우도 허다하여 기가 막힌 복병은 따로 있었으니 애굽의 탈출과 홍해를 건넘과 동시에 바로 마실 물도 없고 먹을 음식도 없으며 몸 누울 집도 절도 없고 잠시 쉬어 갈 나무조차도 없는 "시내 광야"가 기다리고 있었으니 그래도 이스라엘 백성들은 창조주 하나님께서 베푸시는 애굽 소안들에서의 이적과 홍해를 가르시는 놀라운 기적을 코앞에서 목도했던 사람들이라 그러하신 하나님을 믿어볼 법도 한데 시내 광야를 보자마자 그리 오래지 않은 미구(시편 106편 13~15절)에 애굽에서 하던 제 버릇 개 못 주고서 불평·불만·원망(출애굽기 14장 11~12절)을 늘어놓고 쏟아내면서 계속하여 범죄(시편 78편 17~18절) 하였으며 그러나 인애와 자비와 긍휼과 인내의 사랑이 많으신 하나님께서는 그들이 원하는 것 즉 이스라엘 백성이 광야에서 목이 마르면 반석을 쪼개시고 깊은 수원(水原)에서 얼음같이 흡족히 물(시편 78편 15~16절)을 마시게 하셨고 또 배가 고프다고 하면 매일같이 하늘 양식인 만나를 비(시편 78편 23~25절)처럼 내리셔서 먹게 하셨으며 낮에는 그늘이 없이 뜨겁고 더우니 구름 기둥으로, 밤에는 춥고 무서우니 불기둥(출애굽기 13장 21~22절)이 떠나지 않게 하여 하나님께서 늘 언제나 함께하심을 직간접적으로 알려 안심시켜 주셨음을 염두에 두셨으면 한다.

그럼에도 불구하고 우리 인간은 참말로 끝이 없는 욕심과 끝 모를 탐욕의 노예(종노릇)가 되어 계속해서 하나님을 시험하고 배반하며 또 시험(시편 78편 40~41절)하고 배반하면서 오히려 생명도, 아무 기척도 없는 조각하여 새긴 무생물 우상(시편 106편 19~20절)을 세워 섬기면서 지존자 하나님의 영광의 눈을 촉범(이사야 3장 8~9절)하였으며 이렇게 욕망 덩어리에 불과한 우리 인간에게 생명과 안식과 구원이 기업이 되고 이를 유업으로 주신다고 영원한 약속을 하신 "가나안"을 어찌 넘겨줄 수 있겠으며 어찌 거기에 들어가도록 내버려둘 수 있을까? 에덴동산에 들어가지 못하도록 화염검(창세기 3장 24절)으로 막아두셨던 것처럼 가나안을 코앞에서 두고서 40년이나 광야에서 헤매게 만드셨으니 역시나 우리 인간은 한 번 가면 다시 오지 못하는 바람 같은 영혼 없는 육체(시편 78편 39절)뿐인 것을, 그 생명의 가벼움이 잠깐 보이다가 없어지는 안개(야고보서 4장 14절)와 같음을 하나님께서는 기억하시고 그 당시에 비록 그들이 원하는 것을 주셨을 지라도 결국 그들의 영혼은 말라비틀어지도록 파리(시편 106편13~15절)하게 하셨으며 이를 인하여 이스라엘 백성들은 광야에서 다 죽었고 모세(신명기 32장48~52절)조차도 가나안에 들어가지 못하게 하셨음을 이해하셨으면 한다.

　이 시점에서 또다시 짚어서 반드시 기억해야 할 중요한 것은 창조주 하나님께서 모세에게 "창조론(창세기)"을 주어 기록하게 하신 모세의 시대(1,000년)를 중심 기점으로 하여 그 앞쪽으로는 아담의 세대(1,000년), 노아의 시대(1,000년), 아브라함의 세대(1,000년)에서의 사람 살아가는 일들을 기록하게 하셨고 또한 그 뒤쪽으로는 "사사 시대, 통일왕국 시대, 분열 왕국 시대(1,000년)"를 거쳐서 비로소 이스라엘 땅에 첫 번째로 오셨던 예수 그리스도의 시대와 사도의 시대(2,000년)에 사람 살아가는 일들을 기록하게 하셨으나 "이스라엘에게서 난 그들이 다 이스라엘이 아니라 즉 사람이 다 사람이 아니라 오직 약속의 자녀가 하나님의 자녀(아들들)로 여기신다."라고 선언(로마서 9장6~8절)하셨으므로 이스라엘 땅만이 아닌 온 지구상에 있는 모든 사람들(누가복음 21장34~36절)의 살아가는 일들을 비롯하여 이제는 정말로 마지막 때, 세상 끝이라는 것을 짐작하게 하는 "전무후무하게 있을 큰 환난(마태복음 24장21~22절)"에 관하여 기록하게 하셨으니 이 기록이 사실이라고 한다면 이 환난을 목전에 두고 있는 21세기 이 시대에는 성경책의 기록 6,000년간의 시대 시대마다, 그 세대마다 굵직굵직하게 드러났던 사람들(아담,노아,아브라함,다윗,솔로몬,그리스도 등등)이나 선지자들(모세,여호수아 등등)이나 사사들(판관-기드온, 삼손,엘리,사무엘 등등)이나 예언자들(이사야,에스겔,호세아,아모스 등등)이나 사도들(마태,요한,베드로,바울 등등)을 한결같이 나타내 보여주셨던 이유는 무엇일까?

　물론 창조주 하나님께서는 말도 할 수 없으시며 보이지 않는 성령(聖靈)이시기 때문에 말도 잘하고 표현(전하고 알리고 가르침)도 할 수 있는 보이는 사람(선지자,사사,예언자,사도 등등)을 들어서 쓰실 필요가 있었고 또 그러한 사람에게 말씀이 곧 하나님(요한복음 1장1절)이신 보이는 말씀을 주어서 알리고 전하고 가르치게 하려 하신 것이며 그 가르치심의 목적과 취지는 오직 창조주 하나님의 모양과 형상 즉 무한한 생명의 능력과 신의 성품(인애,자비,긍휼,사랑)을 닮은 사람을 지으셔서 창조주 입장에서는 그러한 사람을 집으로 삼아 거처로서 영원히 함께하고자 하심이며 또한 피조물(사람) 입장에서는 무한한 생명 그 자체이신 하나님 곧 그러하신 생명을 옷처럼 덧입게 하여서 영원히 함께하고자 하심이니 이것이 아브라함과 하셨던 영원한 약속의 "가나안이요 낙원(하나님의 동산)이요 엘도라도"이며 그러나 이러하신 하나님의 사람 지으심의 의도를 알려주기 전에는 도무지 알 턱이 없었고 가르쳐 주기 전에는 당최 알 수가 없었던 우리 인간은 말 잘하는 입과 아주 좋은 머리와 그러한 머리에서 명령을 내리는 대로 움직여 주는 몸과 팔다리가 있음을 인하여 세상 부러울 것이 없고 세상 다 가진 상전(벼슬,주인)이 되어 온갖 탐심과 욕심에 미혹되고 홀려서 이끄는 이끌림(정욕)대로 놀아나는 욕망의 노예(종살이)가 다들 되어 자기 자신이 하고 싶은 대로, 마음 가는 대로 자신의 부귀영화를 위하여 살아가면서 이를 쟁취하고 성취하기 위한 이기심에 서로 물고 헐뜯으며 치고받고 짓밟아 버리면서 피(보복,복수)가 마를 날이 없는 전쟁 같은 죄와 악독을 가책 없이, 거침없이, 거리낌 없이 행하여 왔으며 그러한 현 인류의 흑역사를 알리고 전하고 가르쳐 주시기 위하여 자그마치 6,000년 동안이나 시대 시대마다, 그 세대마다 부끄럽고 추하고 악랄한 민낯의 사람 살아가는 얘기들을 적나라하게 기록해 주신 것이 바로 "창조론(창세기)"을 비롯한 성경책(66권)임을 기억하셨으면 한다.

정리해 보자면 사람의 손으로 만든 약 4,000년 전의 함무라비 법전도 너무 놀랍고 500년간의 조선왕조실록도 정말 대단하며 약 160년 전에 기록된 다윈의 진화론도 아주 훌륭하며 그러나 그 어떤 것도 6,000년 동안의 사람 살아가는 기록들을 그것도 신(창조주 하나님)의 손으로 써 내려간 성경책(66권)에 어찌 비할 수 있을까? 그런즉 이보다도 더 확실한 통계치가 없고 이보다도 더 명확한 정보치가 없으며 이보다도 더 세밀한 경험치는 없고 이보다도 더 많은 사람 살아가는 일들을 기록한 곳이 없기 때문에 "창조론(창세기)"에 기록되지 않은 현 인류가 출현한 30만 년 전의 사람 살아가던 일들까지도 유추해 볼 수 있으며 더 나아가서 고대 인류사까지도 미루어 짐작할 수 있으니 왜냐하면 말도 아주 유창하게 잘하고 표현력도 너무 좋으며 머리도 정말 똑똑한 현 인류라 할지라도 여전히 전쟁 하나 제대로 해결하지 못하고 있고 또 사고 하나도 똑바로 막지 못하며 질병 하나도 확실하게 없애지 못하여 이 모양 이 꼴인데 6,000년 전 그 이전 시대의 사람들은 오죽했을까? 고대 인류들은 오죽했을까? 그러니 바꾸어 말해서 고대 인류들의 세상만사 곧 삶과 생활이 어느새, 어느덧 멸종으로 이어졌던 것처럼 이제는 그것이 남 얘기가 아니라, 고대 인류만의 문제가 아니라 어쩌면 현 인류인 우리 인간이 스스로 자취하여 초래한 부분이 허다하여 산적하게 된 문제들이 우리 역시 어느 날 갑자기 홀연히(데살로니가전서 5장3~6절) 불어닥칠 멸종이라는 관점에서 이러한 지나간 일들을 이제 거울과 경계와 생명의 교훈으로 삼아야 할 표본(견본)이 되었으며 무엇보다 무한한 생명을 얻을 수 있고 그리로 들어갈 방법에 관하여 끊임없이 말씀하여 기록하신 "창조론(창세기)"를 비롯한 성경책(66권)은 "온전하고 완전하며 완벽한 진화(進化)의 길"을 제시해 준다는 차원에서 지금의 이 암울하고 절망스러우며 칠흑같이 어두컴컴한 밤과 같은 미래와 내세를 "모세 시대의 그 시내 광야 한가운데에 서 있는 것과 같은 상황"이라 아니 말할 수 없으며 그러나 우리에게는 더할 나위 없는 정보치와 통계치와 경험치들을 담은 "창조론(창세기)"이 있음이 마치 가장 빛나게 밝혀주는 광명한 새벽별(계시록22장16절)과 같다는 것을 잊지 마셨으면 한다.

## (23) 보물섬 지도로 찾아가는 완벽한 진화론

　우리 인간은 어떤 영화에서나 볼 법한 그 짧디짧은 한평생(기력이 쇠하기 전의 70년,80년)을 놀고먹으면서 온갖 부귀영화를 누릴 수 있을 정도의 금, 은, 보화가 가득한 보물섬(일확천금,한 방) 같은 것이 어쩌면 어딘가에 존재하고 있을 거라는 뜬구름을 잡는 듯한 상상을 하기도 하고 또 "그 뜬구름을 못 잡으라는 법도 없지!!" 하는 것처럼 마치 실화인 양 끝 모를 탐심과 욕심을 버리지 못하고서 쟁취하고 착취하기 위하여 상대방 사람은 안중에도 없이 이기적이고 자기중심적인 다중인격체로 변하여 그것을 위해서라면 거짓·공갈·사기·협박·조작하는 죄 범함이나 미워하고 비방하고 무시하며 짓밟아 버리는 악독을 행함도 마다하지 않고 거리낌 없이 행할 때가 많으니 이는 서로 간의 분란과 분열과 분쟁만 부추기는 오류를 낳고 또 이를 넘어선 전쟁의 부작용을 불러들이며 또한 그러한 오류와 부작용의 스트레스는 고스란히 우리 인간을 지긋지긋하게 따라다니면서 위협하고 있는 각종 질병으로 드러나게 되고 또 얽어걸리면 거의 치명적인 사고로 나타나게 되며 또한 한번 발생하면 무기력하게 당할 수밖에 없는 재해의 재앙에 노출이 되는 저주를 인간 스스로 자취(이사야 3장8~9절)하는 지옥 불(마태복음 5장22절,18장8~9절) 속으로 뛰어드는 형국이기 때문에 이러한 현상은 어느 한 곳에서 몇몇 사람들에게서만 생겨나는 일이 아니라 전 세계적으로 이 지구상에 살아가고 있는 80억 명의 모든 인간에게서 벌어지는 일이므로 자연재해조차도 자연재해라 부를 수 없고 인재(人災)라 말할 수밖에 없으니 왜냐하면 새로운 르네상스를 맞이하고 있다고 자평하고 싶은 21세기에 눈부시게 발전한 최첨단 과학, 의학, 인공 지능, 공학, 기술과 같은 획기적인 자원이나 재원으로 우리 인간의 윤택하고 편리하며 풍요로운 삶의 질을 충족(흡족,만족)했을지는 몰라도 어느 한쪽에서는 여전히 자연재해 앞에서 만전을 기해 준비하거나 대비하지 못하는 사각지대 아래에서 파리 목숨처럼 당하고 있는 사람들이 많기 때문이며 그러니 이런 식의 한 세대가 가고 또 다른 한 세대가 오기를 무한 반복하는 헛되고 헛된(전도서 1장2~3절) 인간사를 언제까지 하고 반복하고 있을 것이며 또한 첨단 과학이나 의학이나 공학이나 기술이 없었던 6,000년 전의, 30만 년 전의 인간사에서 겪었던 질병과 사고와 재해를 아직도 겪고 있으며 달라진 점이 있다면 오히려 21세기 시대에는 첨단 과학으로 만들어진 전쟁 무기나 교통수단(자동차,비행기,대형선박), 기후 온난화를 인한 스케일이 커진 재해, 사람보다 더 빠르게 움직이는 새로운 신종의 사람 잡는 병원균(바이러스,세균) 등등 이런 것들이 한 번에 몇백 명, 몇천 명, 몇만 명이 어느 날 갑자기 개죽음을 당하는 치명적인 대량살상으로 이어진다는 것이니 그런즉 멸망과 패망과 사망의 재앙을 지금도 예전처럼 동일하게 마주하고 있다면 이 좋은 머리로 그렇게 치열하게 살고도, 미친 열정을 품고도 말 못 하는 다른 피조물들(전도서 3장18~19절)이 돌아가는 그 한 곳(흙)으로 함께 돌아가고 있으니 짐승과 무엇이 다르다고 말할 수 있을까?

    그래서 중요한 것은 알고 보니 그러했던 시대와 세대에 관한 6,000년간의 응집된 통계치, 정보치, 경험치들을 기록하고 있는 "창조론(창세기)"을 비롯한 성경책(66권)을 통하여 이 모든 재앙의 발단이 된 시발점인 아담(불특정 다수의 사람들)을 통해 보여주셨듯이 인간의 탐심(식욕,성욕,물욕,재물욕,권력욕,성취욕,집착욕,애착욕 등등)을 이루고자 하는 욕심(내 뜻대로 내 마음대로 좌지우지 수족 부리듯이 칼자루를 휘두르고 싶은 마음)이 원인이었다는 것을 한결같이 기록해 놓고 있었으며 더욱이 그러한 인간의 탐심·욕심이 말 못 하는 다른 피조물들(로마서 8장20~22절)은 말할 것도 없거니와 이 지구상의 자연 현상(지구 온난화,생태계 위협,해수면 상승,미세 플라스틱의 온상 등등)조차도 잘못 정복(남획,남용)되고 그릇된 다스림으로 말미암아 시름시름 병들어 죽어가도록 만들고 있었음을 알려주고 계셨던 것이므로 민폐도 이런 민폐가 없어서 이렇게 우리 인간의 손으로 만들어낸 불완전하고 미완성된 실수투성이 속에서의 변이를 통한 적자생존과 자연선택이 이루어지는 "진화론"은 이제 더는 세대에는 맞지 않는, 시절을 잘못 읽는, 시대를 분별(마태복음 16장3절)하지 못하는 반쪽짜리 "초보(일부분) 진화론"이라 표현하는 것임을 이해해 주시기 바라며 그런즉 이제는 변이에 관한 초점의 각도(시각,관점)를 옮겨야 할 때가 왔고 그 각도를 새롭게 맞추어야 할 때가 정말 되었으므로 "늦기 전에 늦기 전에 빨리 돌아와 주오.(1969년 김추자)" 하는 노래 가사처럼 물론 이 노래는 연인의 절절한 사랑을 표현한 노래지만 그 "사랑"을 인간의 생기(살아있게 하는 힘)로 불어 넣어 주신 이가 "사랑 그 자체이신 창조주 하나님"이시기 때문에 각도를 조금 옮겨 새롭게 맞추어서 바라본다면 이 노래 역시 하나님의 우리 인간을 향한 끝없는 사랑의 마음을 절절하게 표현한 것이라 말할 수 있으니 이제는 정말 더 늦기 전에 재앙과 저주에서 빠져나오라(이사야 49장8~9절)고, 벗어나 돌아오라(호세아 14장1절)고 끊임없이 기록해 주셨으므로 계절에 빗대어 말해보자면 하나님께서는 농부(요한복음 15장1절)로서 말씀의 씨(누가복음 8장11절)를 사람의 마음 밭(흙,땅)에 봄부터 부지런히(예레미야 35장15절) 뿌려 주시고 또 여름 동안 싹이 나고 순이 나서 자랄 수 있도록 때로는 아버지 하나님으로서 물심양면(物心兩面)으로 자연 만물(빛,공기,물,나무,구름,생물 등등)에 담긴 하나님의 뜻(지식)을 지원해 주셨으며 또한 때로는 어머니 하나님으로서 양육(이사야 1장2~3절)의 질을 높이기 위하여 만물의 이치(섭리,원리,진리)를 비롯한 명철한 지혜를 선물처럼 주셨으니 이를 통하여 가을에 알차게 영글어 아주 잘 익은 첫 열매(야고보서 1장18절) 곧 아무것도 할 수 없는 겨울이 오기 전에 온전하고 완전한 사람의 "새로운 피조물(고린도후서 5장17~18절)"로 거둬들여 생명과 안식과 구원이 있는 참 형상의 안식년으로 들어가고자 하심이 그제야 창조주 하나님께 계획하신 모든 끝(로마서 9장27~28절)이 나는 "세상 끝(마태복음 13장38~40절)"이 되리니 이러한 것들이 이루어지는 곳(장소)을 "가나안(낙원,엘도라도)"이라 표현하신 것이며 이것이 우리 인간에게 진정한 금은보화(마태복음 13장44~46절)와 보석과 진주와 보배를 안겨 줄 진짜 "보물섬"이요 그 지도(안내서)이며 또한 보물섬인 가나안을 열고 들어갈 천국 열쇠로서의 이 시대와 시절과 세대에 딱 알맞은 "완벽한 진화론"이 된다는 것을 염두에 두셨으면 한다.

결국 인간으로 하여금 완벽한 진화의 길로 나아가는 것을 가로막고 있었던 일은 아담의 때에 에덴동산에 있었던 선악을 알게 하는 나무의 실과나 이를 부추겼던 옛 뱀(계시록 20장2절)도 아니요 노아 시대의 사람들을 비롯한 세상에 모든 피조물을 쓸어버렸던 홍수 물도 아니며 아브라함 세대에 소돔 땅의 소알 성에 비 오듯 쏟아졌던 유황과 불도 아니요 마침내 모세 시대에 가나안으로 들어갈 절호의 기회를 얻고서도 아무도 들어가지 못하고 광야에서 헤매기만 하다가 허송세월을 다 보내고 먼지가 되어 버리게 만든 시내 광야도 아니며 사사 시대, 왕족 시대에 하루가 멀다 하고 갈등하며 대립하고 충돌하면서 전쟁을 야기했던 이방 국가(애굽,블레셋,앗수르,바벨론 등등)도 아니라 이는 핑계와 변명에 불과할 뿐이고 빠져나갈 구멍을 찾는 구실일 뿐이며 그렇다면 이 시점부터 발 빠르게 "우리 인간이 해야 할 일이 과연 무엇인가?"라는 질문 앞에서 오로지 남은 답은 사람 나름의 제각각 뜯어고쳐야 할 것 즉 개혁(히브리서 9장 9~10절)에 관하여 인지하고 자각하고 인정하여서 일깨우고 돌이켜 고쳐 행하는 일이며 그런 연후에 창조주 하나님의 모양과 형상 곧 신의 성품(인애,자비,긍휼,겸손,인내,사랑)을 닮은 모습으로 변화되어 가며 거짓·공갈·사기·협박·조작과 같은 속임(악한 꾀)이 아닌 솔직·정직·담백·진솔하게 지켜 행하는 일이니 이로써 육체(흙,땅)에 속한 탐심·욕심·탐욕의 모양과 형상과 형체를 입고 있었던 것에서 오는 오류와 부작용도 현저히 줄어들 것이고 없어질 것이며 오류와 부작용을 인한 스트레스로 멸망하고 패망하고 사망하던 재앙과 저주 아래 즉 사냥꾼의 올무(시편 124편7~8절)와 그러한 그물에서 벗어나듯, 쇠하여 죽고 썩는 헌 옷(고생되고 약함)을 벗는 것처럼 벗어 버리고 무한한 생명 능력의 장막을 새 옷(영광되고 강함) 입듯 덧입게(고린도후서 5장1~4절) 될 것을 미리 기록해 주신 것도 "창조론(창세기)"임을 기억하셨으면 한다.

그래서 이 세상에 존재하는 수많은 생명체 곧 인간을 비롯한 말 못하는 피조물들이 어쩔 수 없이 맞닥뜨리게 되었던 퇴화, 퇴보, 도태는

6,000년 전 노아 시대의 홍수로 온 지면에 있는 생물들을 다 멸하신 이후 인간의 농경과 농업(축산업,양봉업)이 발달하기 시작된 이후부터는 맞지 않는 얘기가 된다고 감히 말씀드리고 싶으니 왜냐하면 농경과 농업의 발달이 주는 의미는 동전 앞뒷면과 같아서 저세상 얘기 같지만 주어진 생산량에만 감사해하고 만족(흡족)해 하며 남는 것들은 서로 이해하고 존중하며 배려하고 양보하는 마음으로 나누어 쓰거나 또 겸손하여 긍휼히 여기면서 인내하는 선의(좋은 마음으로 하는 옳은 행실)를 발휘하여 인간에게 치명적으로 위험하게 위협하는 재난을 막는 자원, 재원으로 사용하는 그야말로 "홍익인간(弘益人間)" 하듯이 서로를 이롭게 하는 자원으로 쓰였더라면 무엇이 문제였을까마는 그 좋은 머리 덕분에 잉여 식량의 축적을 위한 집단생활, 집단생활을 위한 기하급수적 인구 증가, 인구 증가에서 반드시 따라오게 되는 지배 계급이나 피지배 신분과 같은 권력층 구조에 의한 빈부격차 심화 등등. 하지만 그러한 권력층이 신의 성품을 닮은 인성(人性)을 대변해 주는 것이 절대로 아니기에 오히려 "너 뭐 돼?" 하는 것처럼 정말 뭐(주인,상전)라도 된 듯이 가진 것에서 더 갖추고 더 갖기 위한 온갖 탐심·욕심이 잔인한 죄 범함과 악랄한 악독 행함을 권력층은 권력층대로, 피지배 신분은 또 피지배 신분대로 더욱더 가속화, 활성화가 되었던 것을 "창조론(창세기)"에서는 "바벨탑(창세기 11장1~9절)"에 빗대어 표현하신 것이며 이렇게 1차 산업, 2차 산업, 3차 산업에서 이제 4차 산업의 시대까지 오면서 최대 수혜자는 단연 최상위 포식자요 자연재해(홍수,지진,가뭄,기근,폭염) 말고는 딱히 천적도 없는 우리 인간이며 그런데 이 끝이 없는 탐심·욕심의 꼬리에 꼬리를 무는 오류와 부작용, 재앙과 저주의 악순환을 한 세대가 가고 또 한 세대가 오면서 무한

반복하고 있는 상황에서 가장 큰 피해자는 그냥 그저 주어진 대로, 물 흐르는 대로 살아가고 피조물들이므로 이러한 인간 흑역사의 세상만사에서 적자생존이나 자연선택, 퇴화나 퇴보나 도태를 말하는 것은 무의미한 것이 되며 도리어 무지막지(無知莫知)한 인간인 것이 이 세상의 자연(비, 공기,빛,구름,바람 등등)들에게 한없이 미안할 따름이며 안하무인(眼下無人)인 사람인 것이 피조물들에게 그저 죄송할 따름이니….

그러므로 이제 제자리를 찾아서 가야 할 "전지적 창조론 시점에서 바라본 마지막 남은 완벽한 진화론"의 궁극적인 목적이 되고 결과가 되어야 할 것은 이 지구상에 존재하는 모든 생명체라면 누가 되었건 "생명의 보존성과 유지성과 항상성"이며 거기에 도달하기 위해서는 창조주 하나님께서 가장 먼저 만물의 영장(靈將)이 되게 하신 우리 인간부터 보이지 않는 "마음(영혼,심령,정신)의 변이를 통한 적자생존, 자연선택의 진화론"으로 뛰어넘어(유월) 가야 하리니 창조주 하나님께서 보이지 않는 성령(聖靈)이시고 그러하신 하나님의 모양과 형상대로 우리 사람을 지으셨(스가랴서 12장1절)으므로 가장 큰 관심사가 먼저는 "사람의 마음"이 되는 것은 당연하기에 이는 눈에 보이는 육체(몸,신체)의 진화(進化)를 위한 수천 년, 수만 년, 수십만 년의 시간이나 세월도 필요 없고 낭비할 필요도 없으며 다만 마음만 바꾸어 먹으면 되는 초간단, 초순식간에 이루어지는 일이므로 이보다 더 효율적인 것도 없으니 그렇게 되면 마음을 지키며 보호하는 집 역할을 하고 있던 육체(몸,신체)는 자연스럽게 따라오게 되므로 "사람의 마음"에서 버릴 것은 버리고 비울 것은 비우며 내려놓을 것은 내려놓고 죽일 것은 죽여서 궁창 위의 물 곧 하나님의 지혜인 하늘의 형체(야고보서 3장17~18절)로 먼저 새롭게 바뀌어야(정립,확립) 한다는 것이며 이를 "새로운 피조물(고린도후서 5장16~17절)"이라 표현하시는 것이니….

지금까지는 사람의 마음이 탐심·욕심을 인한 "죄악의 사상(이사야 59장 6~7절)"이 정립되고 확립되어 마음과 생각에서 시키는 대로 움직이는 몸(말과 행실)이 죄악의 행실대로 행하여 왔으며 그런데 이러한 것들은 항상 쇠하여 죽고 썩게 만들어 다시 흙(유기물 생명체에서 무기물)으로 돌아가게 만드는 땅의 형체(궁창 아래의 물)이고 이러한 것들을 기업으로, 산업으로 삼아 제조, 생산, 양산하면서 오류와 부작용을 낳았고 재앙과 저주의 결정체를 만들어 왔으며 결과론적으로 이러한 것을 사람의 손으로 만든 제품(물건)이 되어 수면 위로 드러나게 되었던 인간사였지만 이제는 쇠하지 않고 죽지 않고 썩지 않는 하늘의 형체(하늘의 지혜)가 기업이 되고 산업이 되면 이 지구상의 틀어질 대로 틀어지고 어긋날 대로 어긋나 버려 생의 바퀴(야고보서 3장6~8절)를 인간 스스로가 불사르는 지옥의 불을 만들어 그러한 지옥에서 아픔·슬픔·고달픔, 괴로움·두려움·외로움, 근심·걱정·염려의 스트레스를 인하여 나락으로 떨어지는 것만이 남아있었던 인간사에서 벗어나고(자유) 풀려나(해방) 편안함과 안녕과 기쁨과 감사함과 행복(로마서 4장 6~8절)이 대대손손 물려주는 기업이 되고 이러한 생명과 안식과 구원의 유업을 창조주 하나님께서 주시겠다고 하신 것이 바로 아브라함과 하셨던 영원한 언약의 이름이 "가나안"이며 세상에서 흔히 하는 말로 표현해 보자면 그곳이 금은보화, 보석과 진주와 보배가 가득한 "보물섬"이 되니 그러나 탐심·욕심의 눈(시각)으로 바라보게 되면 그것이 무엇이 되었건 알아보지 못하게 하는 소경이 되고 알아듣지 못하게 하는 귀머거리가 되며 소경 되고 귀머거리가 되어서는 하나님을 찾아가는 길(베드로전서 3장21절)을 절대로 걸을 수 없는 앉은뱅이만 될 뿐이고 그러한 사람이 이 세상을 움직이거나 영향력을 주는 지도자가 되어 진두지휘를 한다면 상상조차 하기 싫은 끔찍한 오합지졸(烏合之卒), 중구난방(衆口難防)의 세상이 될 것은 불 보듯 뻔하여 다시는 빠져나올 수 없고 헤어 나올 수 없는 밑이 터진 웅덩이(예레미야 2장13~14절)에 스스로 떨어지는 재앙과 저주를 마주하게 되니 이제는 스스로가 소경된 것, 귀머거리가 되었던 것, 앉은뱅이가 되어 있는 것을 인지하고 자각하여 인정한다면 생명 그 자체이신 창조주 하나님께만 있는 무한한 생명의 능력을 옷처럼 덧입어 쇠하지 않고 죽지 않고 썩지 않는 생명 안으로 들어가게 되리니 그런즉 "전지적 창조론 시점으로라야 비로소 드러나고 나타나서 보이게 되는 마지막 남은 완벽한 진화론의 주인공"이 될 수 있음을 잊지 마셨으면 한다.

"새로운 피조물"이 되어가는 디테일한 방법이나 미처 말하지 못한 심도 있는 내용에 대하여는 "SEASON 2"에서······.

PS: 블로그 주소 "https://gjh3927.tistory.com/2569", "https://blog.naver.com/gjh4610/224053063281"